AF392909

RAÚL BORGES

MAESTRO DE MAESTROS DE LA GUITARRA VENEZOLANA

Alejandro Bruzual

Doctor en Literaturas Latinoamericanas de la Universidad de Pittsburgh, Pensilvania, Licenciado en Letras de la Universidad Central de Venezuela, y Profesor Ejecutante de Guitarra Clásica en la Escuela de Música Pablo Castellanos.

En el campo literario, se ha dedicado particularmente a las vanguardias históricas latinoamericanas, con especial atención al estudio y edición de la obra de Enrique Bernardo Núñez, habiendo publicado ya diez de sus obras, entre ellas varias ediciones críticas y dos traducciones. Su libro de ensayos *Aires de tempestad, narrativas contaminadas en Latinoamérica,* en 2013, recibió el Premio Municipal de Literatura de Caracas, mención investigación literaria. Ese mismo premio, en mención poesía, lo recibió en 2011, con *Aldebarán y otros poemas.* Tiene nueve poemarios publicados en seis libros. Además, editó *Utopías en movimiento. Discursos de los ganadores del Premio Internacional de Novela Rómulo Gallegos* y el epistolario de Cruz Salmerón Acosta a Conchita Bruzual Serra. Ha sido profesor de la Escuela de Letras y de la Escuela de Artes de la Universidad Central de Venezuela. Es investigador de planta del Centro de Estudios Latinoamericanos Rómulo Gallegos, en temas culturales y literarios, desde 2009.

Ha publicado, extensamente, en el ámbito de los estudios musicográficos. Entre otros libros, cuenta con las biografías de Antonio Lauro, Rodrigo Riera, Alirio Díaz (traducida al italiano por Angelo Gilardino, Milán: Edizioni Curci, 2015), Raúl Borges, Manuel E. Pérez Díaz, Fredy Reyna e Inocente Carreño, además de una historia del instrumento en el país, aparecida en versión concisa en inglés en Canadá, por la editorial especializada en temas guitarrísticos Doberman-Yppan, y, completa por el Banco Central de Venezuela. Estos trabajos han obtenido en cinco oportunidades el Premio Municipal de Música de Caracas. Dirigió la Colección de Compositores Venezolanos para Guitarra, de la Fundación Vicente Emilio Sojo, de Caracas, que incluyó más de 200 obras. Dirige la Colección de Musicología Latinoamericana Francisco Curt Lange, del Centro de Estudios Latinoamericanos Rómulo Gallegos. Es miembro fundador y ha sido presidente de la Sociedad Venezolana de Musicología.

Alejandro Bruzual

RAÚL BORGES

MAESTRO DE MAESTROS
DE LA GUITARRA VENEZOLANA

ENSAYO BIOGRÁFICO

La Castalia

RAÚL BORGES
Maestro de maestros
DE LA GUITARRA VENEZOLANA
© Alejandro Bruzual
2ᵈᵃ edición, La Castalia–Digital, 2021
Colección Guitarras de Venezuela Nº 2

De esta edición
© Alejandro Bruzual

Fotografía de portada
© Colección Sucesión J. Padrón

Fotografía de contraportada
© Eugenio Rojas Camacho
Detalle de "Vista del centro de Caracas desde el Calvario 1933".
Colección Neumann, Biblioteca Nacional de Venezuela.

Foto de autor
© Jhon Jiménez

Logo de la colección
© Ana Isabel Reyna

Corrección
Carlos Ortiz Bruzual

Colección al cuidado de
José Gregorio Vásquez C.

La Castalia

Edición digital e impresa
Mérida, Venezuela, 2021

Hecho el Depósito de Ley
Depósito Legal impreso: TA2021000130
ISBN: 978–980–7123–60–0

Ediciones La Castalia
Centro Editorial La Castalia
Mérida, Venezuela
www.lacastalia.com.ve
lacastalia@gmail.com

PREFACIO Y AGRADECIMIENTOS

El presente ensayo surge como homenaje al maestro Raúl Borges, a quien tanto debemos todos los guitarristas venezolanos. La investigación resultaba perentoria, dada su importancia como iniciador de la guitarra clásica en el país, y por haber sido el maestro de esos maestros que, con una rapidez sorprendente, universalizaron la escuela venezolana del instrumento, *su escuela*. No obstante, estábamos conscientes de que algunos aspectos y dudas sobre el personaje ya no podrían ser satisfechos a plenitud. Ejemplo de una situación que se ha repetido muchas veces en nuestro proceso cultural, la historia de la música en Venezuela está condenada a una constante y progresiva fragmentación, y se ve expuesta a muchos e irreparables olvidos.

Quisiéramos señalar algunos de los inconvenientes confrontados en el proceso de trabajo, y las posibles limitaciones que este tipo de investigación presenta en nuestro país. La primera es que la bibliografía musical venezolana es a todas luces insuficiente. Existen personajes, aspectos, contextos y obras que no han sido aún estudiados. Por otra parte y como es natural, la poca bibliografía, en buena medida todavía imprescindible, presenta fallas metodológicas que impiden profundizar en la información que ofrece. Así, se requiere ediciones críticas de estos textos, revisados, corregidos y con notas, lo cual seguramente impediría que sean atacados desde atalayas de estudio mucho menos valiosas. Y como si fuera una tragedia de ruinas circulares, desaparecen no sólo los archivos públicos y personales, sino también las instituciones que debían albergarlos, como ha sido el caso de la Fundación Vicente Emilio Sojo, de tanta trascendencia para la musicología venezolana. Hay que agregar que, desde el punto de vista profesional, la investigación musical en Venezuela no tiene apoyo institucional, ni público ni privado, pues ha sido vista como un aporte caprichoso y marginal del trabajo de ciertos artistas, intelectuales o de simples diletantes. Y no comentaremos la crisis editorial de un campo que no cuenta con colecciones ni esfuerzos especializados, ni mucho menos los graves problemas de la distribución del libro venezolano, el estado de las bibliotecas, y la total precariedad de los materiales digitalizados de la hemerografía histórica, en tránsito de desaparición.

En el caso particular de Raúl Borges, a pesar de la importancia de su labor docente, lo extenso de su vida y lo relativamente reciente de su muerte, no se escribieron monografías biográficas, ni otro tipo de semblanzas. Tampoco quedan entrevistas periodísticas o radiales, diarios personales ni ningún apunte autobiográfico. Para colmo, no dejó herederos directos, así que muchas de sus pertenencias, valiosos documentos de su época, incluso históricos, se perdieron a raíz de su muerte. Y, a la hora de iniciar esta investigación, muchos músicos y amigos de su generación, así como la mayoría de sus discípulos más relevantes, estaban ya muertos. No obstante, los testimonios orales se convirtieron en la fuente fundamental del presente trabajo, y, por ello, hemos intentado que permanezcan fieles a la espontaneidad con que fueron recogidos, pues traducen de algún modo una vivencia que nos une al personaje.

Decidimos elegir un narrador no representado, siempre oculto tras la información que ofrece, ya que no deseábamos que la atención de esta investigación recayera sobre el proceso de investigación, sino sobre sus resultados. El libro está dividido según momentos y circunstancias relevantes en la vida del protagonista, en un intento de hilvanarlos de manera cronológica, siguiendo aspectos relativos a su desenvolvimiento profesional, aunque estos no son siempre delimitables de manera categórica. De igual modo, hemos incluido un precario catálogo de sus composiciones, si bien muchas de sus obras permanecen inéditas, incompletas y sin revisión, o no se puede saber sus fechas de escritura ni definir el estadio de elaboración en el que compositor frenó el borrador consultado. Complementa el texto una muestra iconográfica –incluso de fotografías realizada por él mismo–, casi toda todavía inédita, pues buena parte de ella no fue incluida en la primera edición.

Deseamos agradecer a los entrevistados, que aparecen en el apartado correspondiente al final del libro –en especial a René Borges Villegas–, ya que en alguna medida son ellos coautores del presente ensayo. A Beatriz Mirás, el poeta Dionisio Aymará y al escritor Omar Filomeno, por la lectura del primer manuscrito y sus acertadas sugerencias. A Alfredo Allais, Felipe Bello y Mariano Fernández, por sus colaboraciones en el procesamiento del material fotográfico; y a Juan Silva B., por su constante y fraterna solidaridad de moderno mecenas familiar. Y queremos destacar la ayuda de algunos alumnos, en particular en la revisión del material hemerográfico.

PALABRAS ANTE UNA NUEVA EDICIÓN

A diferencia de la mayoría de los otros libros de esta colección sobre la guitarra venezolana, la biografía de Raúl Borges, publicada en 1996, no tuvo el privilegio de nuevas ediciones, por lo que, hasta ahora, nunca había sido revisada. No obstante, el vínculo y los cruces de experiencias entre los personajes de los diversos esfuerzos biográficos que hemos realizado nos llevaron a retornar con frecuencia a estas páginas. En efecto, el maestro y sus discípulos hicieron realidad la escuela guitarrística académica en Venezuela, y provocaron que el mundo rápidamente se interesara en ella.

Si bien no contamos con muchos materiales para desarrollar este trabajo, y sufrimos la precariedad bibliográfica que pesa sobre la música en Venezuela, creemos que se justifica todavía un enfoque singularizado sobre este maestro, no sólo por sus aportes guitarrísticos, sino por el hecho de haber sido parte del grupo que transformó la música en el país, con un marcado carácter fundacional. Y fue uno de los protagonistas del momento, además de que su vida estuvo llena de peculiaridades significativas.

Nacido todavía en el siglo XIX, fue autodidacta, a pesar de haber pertenecido al alto estrato social que era el destinatario de la enseñanza artística durante toda esa centuria, y la que se ejercía fundamentalmente de manera privada, en particular, privilegiando el piano. Sin embargo, se sintió atraído por la música popular tradicional y por los instrumentos de cuerdas pulsadas. Esto le permitió transformar la experiencia práctica de la guitarra popular en una primera metodología básica de enseñanza, haciendo posible la creación de la cátedra del instrumento en un conservatorio que estaba en trance de renovación. En cuanto compositor y como una síntesis *in progress*, instauró el precedente definitivo para la creación del repertorio nacionalista.

Borges fue coetáneo de los notables guitarristas que lograron sacar la guitarra de su aislamiento histórico. Y esto se logró, en buena medida, gracias a la apabullante labor de Andrés Segovia, acompañado por muchos otros esfuerzos con perspectivas y énfasis profesionales distintos, como la peculiarísima carrera continental del paraguayo Agustín Barrios Mangoré. También fueron significativos los aportes de otros guitarristas españoles, que tuvieron Latinoamérica como escenario primordial en sus desempeños intelectuales, artísticos y vitales. Al mismo tiempo, formó parte de una vasta generación continental de guitarristas del entre siglo, con nombres destacados en muchos países, quienes asumieron la creación de cátedras y el inicio de lo que, con flexibilidad ante la diferencia, puede llamarse la escuela latinoamericana del instrumento.

Todo esto justifica el dedicarle de nuevo atención a este peculiar maestro, más cercano a un místico que a un bohemio. Además, algunos detalles de su vida, producen una estampa en extremo ilustrativa de los inicios de siglo XX venezolano, ejemplificando el modo de ser y unos valores –una ética, podríamos decir– que parecen haber caracterizado el momento, no obstante la hosquedad política heredada de la centuria anterior, la violencia vigilante con acento andino, y la misma pobreza persistente, que era una de las más graves de todo el continente. En efecto, en Borges se manifiesta una manera de ser venezolano que se transforma con el país petrolero, ya en movimiento al final de su juventud, y que sin embargo permitiría conducir a la música hacia nuevas ilusiones y otras perspectivas artísticas.

Borges representa, entonces, fuerzas sociales en pugna, la del espíritu casi romántico y pueblerino de los primeros años, al que le cuesta desprenderse de sus maneras y restricciones decimonónicas, una cultura marcada de referentes fuertemente estamentales y, a la vez, un *élan* social modernizador no conocido hasta entonces, que produce una narrativa andante de lo popular, centrada en la educación para todos y la aristocracia del talento, preconizada por Vicente Emilio Sojo sin decirlo abiertamente. Se dio, de ahí, una intensa relación entre arte y sociedad, que llega a su momento culminante con la presidencia del novelista Rómulo Gallegos, a la par del ascenso social de la figura del músico y de la música como un valor de la venezolanidad.

Similar a los otros volúmenes que vamos publicando gracias a La Castalia, este libro sigue siendo el mismo y a la vez otro. Como segundo en el orden de una escritura que nos tomó más de veinticinco años de insistencias temáticas, fueron apareciendo más materiales sobre el personaje, incluso composiciones que no conocíamos. La información base y las decisiones formales, sin embargo, siguen siendo las mismas. En realidad, con la ventaja de ser también el mismo y otro autor, abordamos el texto como si fuera un borrador, sin reescribirlo a plenitud, pero asumiéndolo como algo posible de transformación mientras la vida lo permita. Queda en manos del lector –en realidad muy pocos, por el destino institucional que tuvo su primera versión– comparar los textos, si fuera el caso y esto tuviera algún sentido, puesto que nos disponemos a repetir el título con el cual fue bautizado, asumiendo ésta como una segunda edición ampliada y revisada.

A los agradecimientos, que permanecen con fuerza, queremos agregar al equipo editor de esta oportunidad, mis amigos José Gregorio Vásquez y Carlos Ortiz Bruzual, así como a mi compañera Ana Isabel Reyna; y a Laura, como siempre, escrita entonces con la tinta que seríamos nosotros mismos.

INTRODUCCIÓN Y CONTEXTO

La personalidad y la obra de Raúl Borges fueron de-
terminantes en el desarrollo y destino de la escuela
guitarrística venezolana. Producto de un gran contexto, el maestro perteneció a una generación de pioneros
de la música venezolana en el siglo XX, renovadores del
arte sonoro nacional y base de todo lo que ha sucedido con
posterioridad en el país, al menos en términos académicos.
Junto a Vicente Emilio Sojo, José Antonio Calcaño, Juan
Bautista Plaza, Moisés Moleiro y Juan Vicente Lecuna, entre
otros, compartió inquietudes nacionalistas y pedagógicas.
Al mismo tiempo, formó parte de una escasa primera generación de guitarristas académicos venezolanos, como figura
principal, y de una latinoamericana, junto a Julio Sagreras
(Buenos Aires, 1879), Agustín Barrios Mangoré (San Juan
Bautista de las Misiones, Paraguay, 1885), Julio Martínez
Oyanguren (Montevideo, 1901) y María Luisa Anido (Buenos Aires, 1907), por su precoz desempeño profesional. A
esto se agrega que fue coetáneo de dos de los más grandes
compositores nacionalistas continentales para la guitarra, el
brasileño Heitor Villa-Lobos (1877) y el mexicano Manuel
M. Ponce (1882).

A Borges le tocó nacer en una Venezuela rural y despoblada, con unos escasos dos millones de habitantes para casi un millón de kilómetros cuadrados de superficie, que había mermado por la voracidad de las naciones vecinas y las inconsistencias de la política exterior propia. Era una población con un elevado analfabetismo, que sufría los estragos de las plagas y el abandono gubernamental. Un país que había sufrido dos guerras de grandes magnitudes sociales y económicas, a escasas décadas entre ellas: la Independencia y la Guerra Federal, y numerosos enfrentamientos civiles, alzamientos y revueltas de todo tipo. Su precaria economía ganadera y agricultora –fundamentalmente café y cacao–, dominada por unos pocos latifundistas, estaba agotada por las fluctuaciones de los precios y las condiciones del comercio internacional. Fue uno de los países más pobres de todo el continente durante el siglo XIX, asolado en su interior por recompensas forzosas y desmanes de caudillos y militares improvisados, así como por el nunca comedido afán de lucro de comerciantes inescrupulosos, siempre aliados al poder de turno y, a veces, a grupos internacionales en contra de la nación.

En 1882, año del nacimiento de Borges, gobernaba Antonio Guzmán Blanco,[*] un autócrata que se hizo llamar, con fatuidad propia, "El Ilustre Americano, Pacificador y Regenerador de Venezuela y Supremo Director de la Reivindicación", figura que marca la segunda mitad del siglo XIX. Era complejo,ególatra y culto, de marcadas inclinaciones europeizantes, abogado egresado de la universidad caraqueña, hijo de uno de los grandes periodistas y libelistas de la historia

---

[*]   Precisamente, un mes más tarde, en marzo de 1882, Guzmán Blanco se juramentó como presidente para el bienio 1882-1884, con el que completa su segundo período gubernamental, iniciado en 1879, conocido como "el Quinquenio".

venezolana. Emprendió un proyecto de modernización que no lograría sostenerse, laicizando temprana y definitivamente la sociedad venezolana. Fue él quien dio los primeros pasos hacia una lenta democratización de la educación, decretando la primaria obligatoria y gratuita, en 1870.[*]

Desde el punto de vista del manejo de la cultura y las artes, habrá que hacer un equilibrado balance de su presencia gubernamental, sobre todo considerando la actitud de sus antecesores y sucesores en la conducción del país. Ordenó construir el Teatro Municipal de Caracas, en 1881 –llamado en aquel tiempo, como era de esperarse, Teatro Guzmán Blanco–, de tanta importancia para la historia musical nacional desde entonces y, en especial para la guitarra venezolana. Asimismo, durante el transitorio período presidencial de su protegido Francisco Linares Alcántara, y sin duda dentro del espíritu guzmancista, se creó el Instituto Nacional de Bellas Artes, el 3 de abril de 1877, dirigido por el general Ramón de la Plaza, primer historiador de las artes en Venezuela, también bajo la influencia del mandatario. El instituto estaba dividido en tres academias artísticas, de las cuales sólo dos llegaron a establecerse, la de dibujo y pintura, y la de música. Como explica José Antonio Calcaño –autor de otra obra fundamental en la historia musical venezolana–, desde

---

[*]   "Guzmán Blanco implantó el registro del estado civil, un nuevo sistema monetario, la formación del censo de población. Modernizó la legislación; organizó la administración pública. Durante sus mandatos construyéronse boulevares, teatros, templos, acueductos, vías férreas, tranvías, iluminación, y cristalizaron numerosas y notables iniciativas más. Su tiempo coincide con un importante movimiento de renovación universitaria; el Positivismo y cierto interés científico se dejan sentir en Venezuela. Mas, para que no falte la sombra siempre característica de la tiranía, despoja a la Universidad de sus bienes y la hace objeto de sus desplantes" (Salcedo Bastardo, 369-370).

entonces fue éste el principal centro de enseñanza musical en el país, cambiando de nombre cada cierto número de años.[1]

A partir de la caída de Guzmán Blanco, a finales de la década del ochenta, se sucedieron breves gobiernos y revueltas que sirvieron de tránsito hacia el nuevo siglo. Según el guitarrista Alirio Díaz, además investigador:

> Si la sociedad caraqueña se había acostumbrado a presenciar aquel juego de crónicas y fugaces permutas presidenciales, los pocos institutos culturales establecidos, como la Academia de Bellas Artes y la Universidad Central, persistían, si bien en condiciones estacionarias, sin sufrir daños considerables por parte del caudillismo criollo. Ocurrió esto por lo menos hasta el momento en que, finalizando el siglo, surgen las espantosas dictaduras que por cincuenta años arrasaron casi del todo aquellas semillas promisorias.[2]

Con respecto al ambiente musical de la época, el mismo año del nacimiento de Borges, se dio inicio a la publicación de *La Lira Venezolana*, "Revista de música y literatura" editada en la capital por Salvador Narciso Llamozas, publicación que ha sido considerada por Calcaño como "la mejor publicación de su género que hemos tenido".[3] En su primer número, del 28 de octubre de 1882, su director afirmaba:

> Hasta el presente, la música no ha alcanzado en Venezuela el grado de adelanto e importancia que ocupa hoy en las sociedades cultas del globo, pues considerada como adorno de la educación o mero objeto de solaz y pasatiempo, se ha descuidado la parte seria, elevada y filosófica de un arte que, desde tiempos inmemoriables (sic), viene sirviendo con tanta eficacia a la civilización de los pueblos.

Abandonado ha vivido entre nosotros el arte divino [...]. Varias causas han contribuido, en nuestro concepto, a tan sensible abandono. La carencia de un instituto respetable que eduque el gusto e imprima dirección a los estudios musicales; la falta de estímulos generosos con que en otros países se alienta el talento y se galardona el mérito; la ausencia de aspiraciones elevadas por parte de los que se dedican al aprendizaje de algún instrumento; a lo que se agrega la atmósfera glacial en que respiran los ingenios nacionales, todo eso ha contribuido al abatimiento que pesa sobre la más bella y sublime creación del espíritu humano.[4]

Según el historiador Hugo Quintana, *La Lira Venezolana* permite constatar que los músicos tenían acceso a revistas extranjeras especializadas, y que estaban al día en las noticias musicales del mundo, opinión quizás un poco demasiado optimista.[5] Más bien habría que considerar las palabras del mismo Llamozas, quien publicó en sus páginas una visión crítica del momento musical. Era un testigo de excepción al haber sido uno de los más reputados músicos, críticos, docentes y editores de finales del siglo XIX y principios del siguiente. En efecto, ratificando opiniones poco anteriores de Ramón de la Plaza,[*] Llamozas comentó el estado de la educación artística y su particular articulación social, ese año de 1882, previo a la creación del instituto:

Abandonado ha vivido entre nosotros el arte divino [...]. Varias causas han contribuido, en nuestro concepto, a tan sensible abandono. La carencia de un instituto respetable que eduque

ALEJANDRO BRUZUAL

---

[*]   "Singular contrariedad es la que se observa en nuestro país en la enseñanza musical. Sólo la clase privilegiada que posee los medios de lograrla, se dedica al estudio, más por adorno en su educación que por voluntad decidida de entrar de lleno en una carrera que no es la suya..." (Carta a Eduardo Calcaño, en De la Plaza, 131-132).

el gusto e imprima dirección a los estudios musicales; la falta de estímulos generosos con que en otros países se alienta el talento y se galardona el mérito; la ausencia de aspiraciones elevadas por parte de los que se dedican al aprendizaje de algún instrumento; a lo que se agrega la atmósfera glacial en que respiran los ingenios nacionales, todo eso ha contribuido al abatimiento que pesa sobre la más bella y sublime creación del espíritu humano

Este fue el contexto cultural de la infancia y juventud de Borges, es decir, el de los últimos decenios decimonónicos. Gran parte de su vida adulta y profesional, en cambio, transcurriría durante la dinastía andina, que tuvo un peculiar carácter hereditario en términos regionales, y que signó la primera mitad del siglo XX, con sucesivos mandatarios: Cipriano Castro, Juan Vicente Gómez, Eleazar López Contreras e Isaías Medina Angarita, todos militares y tachirenses. Mientras que, en sus últimos años, presenció el ir y venir de las nunca del todo satisfechas aspiraciones democráticas, con su reverso de dictadura pérezjimenista, a mediados de siglo, no casualmente con un dictador también de origen tachirense.

FAMILIA, INFANCIA
Y FORMACIÓN

BORGES

R aúl Andrés José de las Mercedes Borges Requena nació en Caracas, el 4 de febrero de 1882, como reza su partida de nacimiento:

Miguel Piña primera autoridad civil de la parroquia de Santa Teresa hago constar que hoy siete de Febrero de mil ochocientos ochenta i dos me ha sido presentado un niño varon por Juan Pablo Borges i Carlota Requena quienes dicen ser sus padres i manifestaron que el niño cuya presentación hacen nació en esta parroquia en la calle Este dies, numero dies, el dia cuatro de los corrientes, a las doce de la noche, que se llama Raúl Andrés José de las Mercedes i que es hijo lejitimo de los presentantes el primero de profesión Rentista i la segunda de las ocupaciones propias de su secso i domiciliados en los lugares indicados. Fueron testigos del acto Juan Pablo Borges Requena i Carlos Requena mayores de veinte i un años i de este vecindario. Leida a los presentantes i testigos de esta Acta conforme.

Sus padres provenían de familias de larga data en Venezuela, siendo el apellido Borges español, oriundo de Lérida, Cataluña. En la biografía de su hermano el poeta y sacerdote Carlos Borges, Miguel Mosqueda Suárez afirma sobre ellos:

La familia Borges Requena, de proceros orígenes (contaba entre sus ascendientes a Don Andrés Bello y a los dos Montillas, Mariano y Tomás) pertenecía a la clase distinguida acomodada, propietaria de hacienda y algunas casas. El padre, corredor de valores, gozó en Caracas de una reputación casi legendaria de honradez que le permitió vivir holgadamente. Por su parte la madre era una dama muy modesta y piadosa.[6]

Su casa natal estaba ubicada en pleno centro de Caracas, entre las esquinas de Cipreses y Velásquez en el número diez, muy cerca de donde estuvo situado el famoso Oratorio de San Felipe Neri, vinculado al principal promotor de la música colonial venezolana, el presbítero Pedro Ramón Palacios y Sojo, conocido como "el Padre Sojo". René Borges Villegas, sobrino de Raúl, la describía:

Una casa enorme, con unos cinco mil metros de terreno, con jardín a la entrada y con cochera que daba a la calle de atrás. Atravesaba toda la manzana, y tenía un portón hacia Santa Rosalía. Había tres corrales con árboles, jardín central y habitaciones de los dos lados, en el primer cuerpo, y en los otros, sólo de un lado. Tenía, además, un altar en donde se daba misa.

La familia Borges Requena contaba con nueve hijos —seis varones y tres hembras—, entre los cuales el poeta Carlos fue el cuarto y Raúl, el menor de todos. Tenían marcadas inclinaciones artísticas, en particular musicales. Por el comentario que hace el mismo Mosqueda Suárez sobre la infancia del clérigo, se puede colegir la atmósfera en la cual se desarrolló la sensibilidad y vocación de su hermano menor:

El Padre vivía a la sazón en un ambiente familiar pleno de arte. Sus hermanos mayores Juan Pablo e Inés tocaban muy bien el piano, sobre todo Inés era una artista nata, una mujer que sin ser bella se hacía interesante por su exquisita espiritualidad;

aunque murió joven llegó a dar recitales en el Teatro Municipal con gran elogio de la prensa. Otra de sus hermanas, Carlota, también tocaba piano. Su hermano menor, Raúl, llegaría a ser excelente compositor y maestro de guitarristas. Más aún, a las veladas musicales de los Borges concurrían pianistas tan notables como Ramón Delgado Palacios y Salvador N. Llamozas. No era extraño, pues, que el Padre sintiera el genio musical y animado por el ejemplo de sus hermanos se dedicara a recibir clases de piano de aquel mago del teclado que se llamó Narciso Salicrup.[7]

Como se desprende de esta cita, el piano fue el instrumento privilegiado de la casa familiar, en particular en manos de su hermana Inés Angelina. El evento que destacó Mosqueda Suárez –en el teatro todavía llamado "Guzmán Blanco"–, fue seguramente su participación en un concierto colectivo –en cuyo programa aparece también Delgado Palacios, con el *Fausto* de Liszt–, el 29 de abril de 1889, organizado por la sociedad Unión Filarmónica bajo la presidencia de Llamozas. En esa ocasión, la joven ejecutó, junto a este maestro, la obra *Guillermo Tell: Gran dúo concertante a dos pianos*, opus 116, de Joseph Ascher. Así fue comentado con entusiasmo por la prensa:

> La señorita Inés Borges, que á lo que entendemos se presentó por la primera vez en los conciertos de la Unión, ejecutó con gusto, delicadeza y precisión artística la parte que le correspondía en el gran dúo concertante de Guillermo Tell, á dos pianos; y fué saludada por el concurso con merecidos aplausos. No poco contribuyó al éxito de esta obra nuestro amigo Llamozas, á quien tocó la parte de acompañamiento.[8]

Sin embargo, la muchacha murió en 1893. En dicha ocasión, Llamozas escribió en tono más poético que musical:

Sólo al arte, de origen celeste y expresión inmaterial, sólo a ese arte mostró Inés rara predilección, en él se difundía su espíritu en hermosa irradiaciones, modulando el piano, bajo la delicada presión de sus dedos, un lenguaje de fórmulas sublimes que revelaban los dones de su sensibilidad exquisita.[9]

Y, para terminar, hizo referencias a otras hermanas también pianistas, sin poder advertir entonces que sería Raúl quien recogería el ejemplo de Inés Angelina: "[...] sus virtudes quedan vivas en el hogar como invaluables preseas, que servirán de noble y de perenne emulación a sus dignas hermanas".[10]

Su infancia estuvo rodeada de situaciones familiares inverosímiles, anécdotas dignas de tratamiento novelístico, propias de una Venezuela rural, inmersa en el marasmo de las guerras civiles, que produjo desajustes constantes en la hegemonía social. De todas ellas, la más dramática para el niño fue la peculiar separación de sus padres, como lo relata Borges Villegas:

> Parece ser que el padre, Juan Pablo, tenía una hija anterior al matrimonio y un día alguien se lo contó a Carlota [la madre]. Entonces ésta le preguntó: "Juan Pablo, me han dicho en Catia que tú tienes una hija... dime si es o no verdad, es lo único que te pido". "Sí, así es" –le respondió él–. "Hasta hoy eres mi esposo", le contestó y nunca más le dirigió la palabra. Efectivamente, se vistió de negro, como si estuviera muerto... estaba muerto para ella. Era Requena y Freire, gente severa, con unos caracteres tremendos.

Quizás esta intransigencia de su madre y la crisis que suscitara en los valores infantiles de Raúl, moldeara su carácter hacia la comprensión de los demás, hacia la dulzura, como queriendo saldar una cuenta con el mundo que, sin merecerla, había recibido como carencia.

Nuevos episodios familiares cubrieron de sorpresas los primeros años de un niño sensible y fantasioso. Poco tiempo antes, Carlos Requena, un hermano de la madre ya septuagenario y aún soltero, sin que se supieran motivaciones o finalidades, le pidió a su cuñado –el padre de Raúl– que le administrara sus bienes, pues había resuelto "retirarse del mundo". Le ofreció en herencia todas sus riquezas a cambio de que le permitiera vivir con ellos el resto de su vida, exigiéndole que a su muerte lo enterraran de la manera menos ostentosa posible. "Le construyeron un cuarto en un corral de la casa –agrega Borges Villegas– y le mandaban un plato de comida por un torno. Desde entonces no vio a más nadie. Fue tan raro que cuando se sintió enfermo, quemó todos los papeles que lo acompañaban, y cuando murió sólo encontraron una pila de cenizas".

Otra singular anécdota familiar –también relatada por el sobrino– refiere a Enrique, también hermano de Raúl, quien era aficionado a las faldas, y falleció quemado en una hacienda de la familia que administraba en El Pao de Zárate, estado Aragua. Al parecer el incendio fue provocado por un mayordomo de la finca para impedir el romance del joven patrón con su hija: "Dicen que, al verse rodeado por las llamas, se sentó estoicamente a esperar la muerte".

Estas trágicas y curiosas historias familiares tuvieron su colofón en el mismo Carlos Borges. El poeta y religioso llevaba una vida apasionada a extremos, debatiéndose entre inclinaciones bohemias y raptos de fe cristiana. Pasaba con frecuencia de su afición por la bebida y el culto a las mujeres, reflejado con provecho en sus poemas, a los más dramáticos y profundos arrepentimientos místicos. Fue uno de los personajes más curiosos del entre siglo venezolano. Notable y reconocido orador, poseía una inmensa facilidad para la poesía lírica y romántica, así como un fino humor. Apareció en las páginas de *El Cojo Ilustrado*, la más notable revista en la historia venezolana. Acompañó como secretario a Cipriano Castro y, habiendo pasado por la prisión política de Juan Vicente Gómez, llegó a ser Capellán General del Ejército de la Nación, desde 1924. Fue una de las pocas personas a quien este dictador mostrara afecto en público, visitándolo con asiduidad y protegiéndolo hasta el final de su vida. Era de rostro parecido al guitarrista, y se decía en chanza que el guitarrista debía haber sido Carlos, en tanto que Raúl, más bien el cura, pues era un ser espiritual, humilde, modesto, generoso, incapaz de ningún desafuero. El Padre Borges murió el 21 de octubre de 1932, debido a lo cual fueron declarados tres días de duelo en el estado Aragua, donde fue enterrado por orden expresa del dictador.

No se sabe mucho más de la infancia de Raúl, aunque es evidente que, siendo el benjamín de una familia tan numerosa y ante la crisis de la relación de sus padres, fuera el consentido de la casa, sobre todo de dos de sus hermanas, quienes permanecieron para siempre solteras. Sin embargo, esto no se reflejaría luego en su personalidad adulta. Su sobrino lo recordaba así:

Tenía dos hermanas, beatas ambas, María y Carlota, que lo adoraban. Para ellas, él no era un hombre corriente, sino una especie de dios que vivía en aquella casa por un milagro. Entonces, cuando llegaba Raúl, bajaban la voz inmediatamente, nadie hablaba, sólo susurros. Corrían las dos detrás de Raúl, y él no les hablaba, emitía unos ruidos guturales que nadie sabía lo que eran, pero se entendían entre ellos. Como era el menor de toda la familia, eran como sus madres. Primero una y luego la otra, porque ellas se llevaban entre sí unos 20 años.

*El "Padre Borges", en la década de 1920. Tomado de:
Miguel Mosqueda Suárez, Carlos Borges, vida y obras completas.*

Tampoco se sabe mucho de sus estudios. Dada la buena situación económica de su familia, algunos de los hermanos realizaron estudios profesionales. No obstante, diversas fuentes de información coinciden en afirmar que Raúl aprobó el último año de bachillerato, lo que para esos tiempos de analfabetismo y pobreza significaba ya un preciado nivel educativo. En el libro *Valores humanos de Venezuela*, que ofrece datos recopilados hasta 1964, así como en una nota necrológica,[11] se afirma que estudió primaria y secundaria en el Colegio San Vicente de Paúl, en Caracas. Este colegio, que existió hacia finales de siglo XIX, no tiene relación con el que en la actualidad lleva su nombre, fundado en la década posterior del treinta. El colegio debió pertenecer, tal vez, a la Sociedad de San Vicente de Paúl, radicada en Caracas desde 1885.

Más allá de los cursos escolares que haya realizado, tanto sus amigos como sus discípulos afirmaban que Borges contaba con una notable cultura, producto no sólo de sus viajes, sino de lecturas constantes, variadas y profundas, una vocación humanística muy amplia, y fina inteligencia y sensibilidad. Además, se recordaba como un gran conversador, aunque más dado a la escucha que a asumir la palabra.

En el libro citado aparece que "luego hizo estudios particulares de música llevado de su irrevocable vocación artística". Por desgracia, tampoco existe mucha información sobre esto. En la publicación de gran parte de su obra guitarrística, que realizara su discípulo Rodrigo Riera en Nueva York en los años sesenta, se afirma que "luego de haber disciplinado sus estudios de música bajo la dirección de Eduardo Richter, se destacó como un acabado guitarrista y compositor".* Sin embargo, el contacto con Richter debió haber sido muy leve, ya que no se tiene más referencia de ello que un vago recuerdo de su amigo Juan Padrón, quien pensaba que quizás era con

----

*   Riera no recordaba con certeza el autor de la nota biográfica de Borges de esta publicación, pero afirmaba que podía haber sido el hijo de la guitarrista y compositora Conny Méndez, Donald A. Rincones, residenciado entonces en los Estados Unidos.

él con quien Borges había tocado unos dúos de Pleyel para dos violines, de lo cual lo oyó comentar en alguna ocasión.[*] Según el musicólogo Milanca Guzmán, Richter (1875-1912) fue "profesor de piano, de violín en la Academia nacional de Bellas artes, director de orquesta y maestro de capilla de algunas iglesias capitalinas".[12] De él se conservan sólo composiciones religiosas, aspecto que no encontró eco en el futuro guitarrista.

Algo similar debieron haber sido sus relaciones con Salvador Narciso Llamozas, Ramón Delgado Palacios o Narciso Salicrup,[†] quienes, como señala Mosqueda Suárez, eran asiduos visitantes del hogar de los Borges Requena. Es probable que Raúl recibiera, tanto de ellos como de sus propios hermanos, indicaciones musicales básicas y lo iniciaran en la ejecución del piano. De hecho, su futuro discípulo Alirio Díaz afirmaba que el maestro conocía este instrumento, con el cual acompañaba valses. Incluso, aseguraba que llegó a participar en un disco tocando un valse venezolano a cuatro manos.[‡]

En cambio, resulta muy difícil precisar el origen del tan marcado interés de Borges por la guitarra. Se podría especular que esto tuviera alguna relación con los conciertos caraqueños

*   Conservamos, de igual modo, la partitura impresa *Twelve Short, Easy Duos*, para dos violines, de Charles de Bériot, con la firma de propiedad de Raúl Borges.

†   En anuncios de la prensa local, hacia 1890, se ofrecían los servicios de Narciso L. Salicrup como profesor de piano, al igual que el de muchos otros docentes del instrumento, tales como Andrés Delgado Pardo o Sebastián Díaz Peña.

‡   Intuimos, más bien, que éste debe ser el disco en el cual Borges acompaña con el cuatro (alternándose con Ramón Elías Azerm y Fredy Reyna) a las señoritas Rosita Montes y Luisa Amelia Azerm, ejecutando obras a cuatro manos en el piano, grabado y producido por Reyna en 1956.

del notable guitarrista español Antonio Giménez Manjón, en diciembre de 1894, es decir, cuando el joven contaba apenas con doce años. Éste siempre lo recordaría como el primer concertista propiamente dicho y de rango internacional que visitara el país.

Antonio Giménez Manjón.

Por su parte, su sobrino René aseguraba que Raúl había carecido de maestros, y pensaba que el haberse fabricado él mismo un cuatro era un primer indicio de su temprana voluntad de ser músico, y evidentemente muestra de su destreza manual: "Raúl Borges jamás tuvo maestros, [...] fue un genio musical. Su primer instrumento lo construyó él y allí aprendió a tocar, tendría entonces de catorce a dieciséis años. Fue un autodidacta absoluto. Tenía una intuición increíble... Los Borges Requena todos, sin excepción, eran músicos". Y agregaba que el padre, al constatar el interés del muchacho, le había regalado una guitarra.[*]

En la Caracas de finales de siglo, la guitarra predominaba en el mundo de la música venezolana tradicional, y se encontraba en todo el país. No obstante, si bien hay constancia de que músicos con formación teórica conocían y leían música en el instrumento, difícilmente Borges haya tenido contacto con algún profesor de la guitarra de concierto, antes de la llegada de Giménez Manjón. Sería entonces cuando, gracias a su inquietud y clara vocación, descifraría los pocos métodos de guitarra que estuvieron a su alcance. Aunque no se sabe a ciencia cierta cuáles ni cuántos de estos circularon en Venezuela, durante todo el siglo XIX, se documenta que uno de ellos fue el de Ferdinando Carulli, pues se conserva

---

[*]   A la muerte del maestro, esta guitarra fue a parar a las manos de Juan Padrón, quien, a su vez, la donó a la Escuela Superior de Música José Ángel Lamas, siendo entonces su director el guitarrista belga Eric Colón. En la carta de entrega, Padrón escribió lo siguiente: "Esa guitarra, como él me lo manifestó en varias oportunidades, se la regaló su padre y nunca quiso separarse de ella hasta su muerte". Entregó, además, una vitrina de vidrio que había construido el mismo maestro para su esposa, y en la cual cupo perfectamente la guitarra. Poco tiempo más tarde, el instrumento fue robado de la escuela.

un ejemplar que perteneció a Borges, como documenta la estampa de su sello seco sobre sus páginas.[*] Precisamente, la técnica instrumental que utilizó toda su vida coincidía con las enseñanzas del gran pedagogo italiano, en particular marcado por el uso de la mano derecha, sin empleo de la pulsión apoyada y con el dedo meñique sobre la tapa armónica de la guitarra, lo que nunca lograría cambiar, aun cuando comprendiera más tarde que era contraproducente para la emisión del sonido y la efectividad de la ejecución.

Otro ejemplar que se conserva –éste único y también con rastros de su sello seco– es el *Nuevo método de guitarra o lira*, custodiado por la Biblioteca Nacional de Venezuela, y que fue donado por Alirio Díaz, en nombre de su maestro. Impreso por Tomás Antero, en Caracas, la obra fue publicada hacia 1830.[†] Como autor indica, apenas, "Por el Caballero de ***", presumiéndose que, al igual que libros de enseñanzas para otras disciplinas publicados por el mismo Antero, muy probablemente fuera una traducción libre de algún método francés, en particular, el de Jean Meissonnier, cuya primera edición fue hecha en París en 1923. Allí se incluyen ejemplos musicales, entre otros valses que –para Ramón y Rivera– fueron los primeros escritos en el país. Sin embargo, estas obras no anuncian las características propias y diferenciadoras de

---

[*] Este ejemplar reposaba en los archivos de Juan Padrón y, al parecer, está ya desaparecido. Otro ejemplar del método de Carulli se documenta en los primeros años veinte, en el aislado y lejano pueblo de La Candelaria, en el estado Lara, lugar de nacimiento de Alirio Díaz, en manos de un tío político del futuro concertista.

[†] Según María Josefina Tejera, en sus *Apuntes para una historia del libro y la imprenta en Venezuela*, la época más activa de este impresor fue entre los años 1830 y 1865. Para mayor precisión sobre nuestra visión del significado histórico de este método, véase Bruzual, 2013; así como un resumen de la discusión que hemos sostenido sobre sus características, autor y trascendencia en Bruzual, 2019.

lo que sería más tarde la preferida forma musical venezolana, como analiza Mariantonia Palacios.[13] Más allá de esto, habría que destacar que prefiguran el estrecho vínculo del valse con la guitarra en Venezuela, llegando a ser con el tiempo, precisamente, Borges uno de los primeros en concebirlos para el instrumento solista en el país,[*] y su discípulo, Antonio Lauro, su más elevado exponente.

El *Nuevo método de guitarra o lira*, relacionado evidentemente con el de Carulli, pudo muy bien haber sido la fuente de su técnica guitarrística, si bien el ejemplar que se conserva no muestra indicios de uso frecuente. El mismo contiene una intencionada organización del conocimiento del instrumento, como declara en su propia portada: "Teóricapráctica (sic) de la guitarra", junto a una introducción con los principios fundamentales de la música y un repertorio de ejemplos musicales. Se explica allí, además, la utilización del meñique de la mano derecha sobre la tapa del instrumento: "Se pone la mano derecha entre el Puentecillo y la Roseta, haciendo apoyar livianamente el dedo pequeño sobre el diapasón para dar más asiento a los demás que han de tañer las cuerdas...".[14]

Dos de sus principales alumnos comentaron el solitario proceso de formación guitarrística de su maestro. Alirio Díaz afirmaba:

Yo creo que en gran parte Borges fue autodidacta. No fue uno que estudió, que tuvo maestro, sino que aprendió a través de la observación, el oído... Él se formó, más que todo, en esas

---

[*]   Atendiendo a una observación más categórica sobre esto, en la primera edición de nuestro libro (1996), precisando anterioridad a nuestras aseveraciones, el musicólogo Juan Francisco Sans publicó cuatro obras para el instrumento solista de Eloy Galavís (1837-1902), de 1898, es decir, unos años antes de Borges. Véase Sans, 2017.

escuelas populares. Luego, con observación, inspiración, impresión, iba absorbiendo todo para su guitarra. Nunca nos habló de haber tenido un maestro. Fue un gran admirador del primer guitarrista que vino aquí, llamado Antonio Giménez Manjón.[15]

Por su parte, Manuel Enrique Pérez Díaz, en el primer intento de historiar la guitarra en el país, en 1939, escribió:

Raúl Borges, actual y único profesor de guitarra en nuestra Escuela de Música (Caracas) merece mención especial. Como Porras y como León, estudió por su cuenta; como ellos, por métodos anticuados y de escuelas atrasadas; al igual que ellos adelantó mucho, pero con grandes defectos de técnica (culpa de los métodos y de la falta de maestros). Surge la Escuela de Tárrega en España y con ella la guitarra adelanta de una sola vez hasta la suma perfección a que le es dable llegar. Raúl Borges va a Europa: la oye y ve tocar como debe ser, comprende y nota sus propios defectos que por demasiado arraigados ya no podrá enmendar, y comienza a enseñarla conociendo muy bien, por propia experiencia, lo que puede perjudicar al discípulo. ¡Ese es precisamente uno de sus grandes méritos! En 1931 Raúl Borges es amigo inseparable de Mangoré: de él también aprende mucho y va enseñando lo que sabe en clases particulares, hasta que en 1933 entra la guitarra a la Escuela de Música y con justicia se le nombra profesor de ese instrumento.[16]

Resumiendo, la formación guitarrística de Borges pudo ser así: primero, se inició en el repertorio popular, estudiando por su cuenta algún método instrumental de corte académico; luego, de paso por Europa, conocería la escuela de Tárrega, adentrándose en su técnica y, finalmente, a partir de 1932 –y no en 1931–, reforzaría criterios sobre la mecánica y la interpretación gracias a la presencia e influencia en Caracas de Barrios Mangoré.

Cipriano Castro. Dibujo de V. Vicente Gil. Tomado del Cojo Ilustrado, *Caracas, 15.10.1899.*

No obstante, antes de visitar Europa, el viaje musical de Borges debió tocar otros puertos. Díaz afirma que fue cuatrista de una orquesta que acompañaba los viajes del entonces presidente Cipriano Castro,[17] dirigida por Sebastián Díaz Peña, y la que Milanca Guzmán define como una orquesta de baile ocasional.[18] Muy probablemente, éste haya sido su primer trabajo musical.

Con el pasar del tiempo, el guitarrista no cejó en su admiración por Díaz Peña (1844-1926), quien además fue un renombrado pianista, docente y compositor de conocidos valses venezolanos, muchos de ellos dedicados a glorificar las "hazañas" del dictador y su gobierno, tales como sus *Siempre invicto* y *Club Victoria*, así como de joropos muy populares como su *Maricela*, para piano. Resulta interesante la relación de este maestro con Borges, considerando su reconocida capacidad para improvisar ritmos venezolanos, y quien influyó de manera determinante en sus gustos musicales. Según opinión del mismo Alirio Díaz:

> [Díaz Peña] fue de los pocos músicos que vivieron plenamente aquel importante período de nuestra historia musical, siendo también testigo del desmantelamiento artístico ocurrido después a consecuencia de las largas dictaduras, principalmente la de Gómez, puesto que todavía durante la de Cipriano Castro, a quien Díaz Peña fue fiel aun en largo exilio, hubo algún interés hacia las artes. Le tocó, pues, asistir al alba y al ocaso de aquel estupendo movimiento musical.[19]

Y al comentar la *Maricela*, agrega: "Díaz Peña, a diferencia de otros compositores contemporáneos que se ocupaban en fantasear sobre temas o arias de ópera, es el primer músico nuestro que intenta concebir una fantasía inspirada en genuinos ritmos populares nacionales",[20] si bien esto no resulte del todo exacto, pues estaba precedido por varios de los otros compositores decimonónicos del piano venezolano. En sus recuerdos, Díaz enfatizaba la amistad de estos dos grandes valseros:

> Nos contaba Raúl Borges, el gran maestro de guitarra y amigo que fue del compositor, que precisamente por conocer muy bien Díaz Peña los intrincados ritmos venezolanos y tocarlos magistralmente *por fantasía* en el piano, siempre se halló con grandes tropiezos cada vez que quería trasladarlos a la notación musical.[21]

Una anécdota que contaba el músico a sus amigos describe el humor del dictador, cuando un jefe civil de una zona de Carabobo le mandó un telegrama en el que le decía que tenía "infórmenes" de alguien que fomentaba la insurrección. El presidente le ordenó, entonces a Carlos Borges, que fungía de secretario, que respondiera que eso no tenía importancia, pues no eran más que "chísmenes".[22]

Mercedes Rivas, quien también fuera discípula suya y muy cercana al maestro en sus últimos años, relataba otra simpática anécdota sobre su experiencia directa del maestro con Castro. En una oportunidad, acompañaba Borges a "el Cabito" –mote con que llamaba el pueblo al gobernante– en una gira que realizaba por el país, recibiendo homenajes y celebrándose fiestas en cada pueblo. Castro tenía una pierna enyesada, como consecuencia de la caída que sufrió al lanzarse por el balcón de la Casa Amarilla, el domicilio de gobierno, atemorizado por el terremoto de Caracas. Aún fracturado, Castro bailaba en una recepción ofrecida en su honor, cuando Borges, quien también participaba, le golpeó sin querer la pierna herida. El joven se asustó muchísimo, temiendo la iracundia característica del personaje, sin embargo, el Cabito sólo le dijo: "no se preocupe, muchacho, son gajes del oficio", y siguió como si nada hubiera sucedido.

Ya desde los primeros años de la segunda década del siglo, Borges se reunía con otros músicos de su generación, como el guitarrista Teófilo León y el pianista Heriberto Tinoco, en la casa de Ramón Elías Azerm, dispuesto a improvisar en particular valses y joropos, costumbre que mantendría durante el resto de su vida. En esas tenidas musicales, ejecutaba diversos instrumentos: la guitarra, la mandolina y el cuatro, y en no pocas ocasiones, la bandola, así como, seguramente, el arpa diatónica.

Grupo ocasional de mandolinas y mandolas.
Borges de el segundo desde la izquierda. Hacia 1910.

EL CÍRCULO DE BELLAS ARTES

En 1912, aparece por primera vez el nombre de Raúl Borges vinculado a un hecho artístico de relevancia, a raíz de la creación del Círculo de Bellas Artes, grupo central del desenvolvimiento artístico venezolano.

Cuando a finales de 1908, Cipriano Castro fue a Europa por motivos de salud, y su lugarteniente Juan Vicente Gómez lo desplaza definitivamente del poder, la sociedad venezolana vive una ilusoria apertura cultural y política, representada en un gabinete de gobierno que incluyó intelectuales connotados. El medio artístico fue presa de esta falsa esperanza, y en su seno se expresaron las primeras señales de un nuevo espíritu, particularmente en la capital, que centralizaría los tiempos por venir. En 1909, un grupo de jóvenes escritores, entre los que se encontraban Rómulo Gallegos, José Rafael Pocaterra y Leoncio Martínez, comienza a publicar la revista *La Alborada*, sin ser ajenos a la crítica y la denuncia social y política.

Por otra parte, ese mismo año, se llevó a cabo una huelga de los alumnos en la Academia Nacional de Bellas Artes, manifestándose en contra de la orientación pedagógica decimonónica representada por su director Antonio Herrera

Toro. Esto condujo a la creación del Círculo de Bellas Artes de Caracas, en 1912, con Federico Brandt, Rafael Monasterios, Antonio Edmundo Monsanto, Armando Reverón y Manuel Cabré, entre los más destacados. Estaban alentados por Leoncio "Leo" Martínez, quien era un sagaz caricaturista. Deseaban darle un rumbo distinto a la plástica venezolana, que había tomado un notable impulso con Cristóbal Rojas y Arturo Michelena, pero caído en el estancamiento luego de sus muertes prematuras, en 1890 y 1898, respectivamente. Imponiendo inquietudes plásticas y temáticas novedosas, aunque sin presentar todavía proyectos políticos definidos, el Círculo expresó muchas de las inquietudes que luego fueron fundamentales en la concepción de una estética contemporánea nacional.

En él privó, como era de esperarse, la actividad plástica, aunque desde el mismo acto de instalación quedó patente el deseo romántico de sumar las otras manifestaciones artísticas, incorporando escritores y músicos en su seno. Así, reunieron un grupo significativo de los más relevantes jóvenes artistas de la época. Como puede leerse en el acta de instalación, entre los miembros activos aparecieron, en la sección de escritores, Rómulo Gallegos, Julio Planchart, Jesús Semprún, (poco después se sumaría Fernando Paz Castillo). La sección de música contó con Raúl Borges, Gustavo Franklin, B. [¿Benito?] Febres Cordero, Pedro Elías Gutiérrez y J. A. Paz Castillo.[23]

El acto de instalación tuvo lugar el 3 de septiembre de 1912, en el Teatro Calcaño de la capital, primera sede del grupo, y Leo pronunció las palabras inaugurales. Borges, quien en su vida creativa siempre se expresó con un natural lenguaje nacionalista, debió sentirse interpretado a plenitud por esos conceptos:

Trabajemos, queridos compañeros, por el Arte y para la Patria. Hagamos arte nuestro, arte sincero, arte venezolano, aprovechando cuanto de sencillo y amoroso nos rodea, sin recurrir a prácticas exóticas que no se ajustan a nuestros sujetos y motivos, porque el arte no es más que ver y trasmutar, sentir más hondamente que el sentir general, apreciar en los gestos los momentos de las almas y en el ambiente el alma del paisaje y expresar y ejecutar, siempre ajenos a otras influencias que no sean las del propio sentir, significando primero la personalidad del individuo y luego el carácter de la raza.

Los pueblos valen por entidades inconfundibles cuando sus artistas han logrado acertar con los lineamientos característicos, en lo externo, y en el fondo con los borrosos vericuetos de la psicología nacional [...].

La tierra nuestra, siempre grávida a las lujurias del sol de los trópicos, pone ante nuestros ojos agrestes modelos, paisajes de excitante verdor recrudecido, sorprendentes decoraciones para las retinas desacostumbradas, en las humosas nieblas nórdicas, a tales derroches de la luz; en el lenguaje y en el pensar y el vivir de nuestro pueblo, hay contingentes en alto grado apreciables para los artistas, para los fuertes laboriosos que profundicen algo más en el alma nacional, pasando sin detenerse casi en esas falsas inducciones que han dado en llamar criollismo, cuando sólo son un barniz de la jerga venezolana sobre la sempiterna vulgaridad universal; el solo valor fonético de las palabras, o el aspecto exterior de las figuras no bastan para hacer un arte nacional, si la obra no se anima con el sentido filosófico adherente a cada pueblo, savia que corre oculta pero vivificadora; si no trasciende a los hábitos normales de la raza constituyendo un apóstrofe vigoroso a los errores o una acotación del momento, para legar al futuro datos verídicos que aumenten y conserven las tradiciones.[24]

Dentro de los propósitos del Círculo de Bellas Artes estaba el de "propender el esplendor de éstas en Venezuela, por medio del estudio y de la solidaridad entre los artistas". Además, se anunciaba que en su local se darían "también conferencias y lecturas exclusivamente sobre Arte, y conciertos cuando el Centro pueda contar con un número bastante de miembros en la sección de música".

Borges no figura en las notas de prensa que reseñan los conciertos que se efectuaron en el Teatro Calcaño, quizás debido a que ya manejaba la idea de crear un Centro Musical propio, posiblemente inspirado en el mismo Círculo. No obstante, es significativo encontrarlo como parte del primer movimiento artístico del siglo en el país, con plena conciencia generacional, con conceptos modernos como grupo, en una Venezuela desvinculada de las dinámicas del mundo artístico internacional. Como analiza el crítico de arte e historiador Juan Carlos Palenzuela:

> [...] fue el primer movimiento artístico propiamente dicho que tuvo el país. El país como República soberana. Antes del Círculo de Bellas Artes lo que habían eran figuras aisladas, formadas en París y que realizaban una obra de interés –principalmente la llamada pintura épica–. El Círculo es convergencia de artistas, sin apoyo oficial, que trabajaban en una Venezuela sometida a régimen dictatorial. Leoncio Martínez animó a los pintores para el encuentro creador, para la realización de un arte nacional, asumido como oficio.[25]

A éstas, pueden agregarse palabras del mismo Leo, que pueden ser leídas como equivalentes a las de los grupos vanguardistas coetáneos: "[...] tal vez el secreto de que el Círculo no haya muerto, está en su desorganización, pues no tiene directiva, ni cuotas, ni estatutos".[26]

El músico más estrechamente vinculado al Círculo fue el bajista, director de banda y compositor Pedro Elías Gutiérrez. Poco más tarde, en algunos conciertos aparecieron otros ejecutantes del entorno de Borges y su Centro Musical, como los hermanos De los Ríos Llamozas. Por tanto, es muy probable que el guitarrista se presentara, esporádicamente, en las veladas del grupo. Su sobrino Borges Villegas creía recordar que por esos años formaba parte de una orquesta que se presentaba en el "teatrico Calcaño".

Cuando en 1918 la represión "rehabilitadora" de Gómez cerró definitivamente el Círculo de Bellas Artes, se habían organizado ya tres salones y cinco exposiciones, además de haberse realizado numerosas conferencias, conciertos y lecturas. De allí en adelante, sus miembros desarrollarían sus obras de manera individual, pero quedaron para siempre marcados por esta experiencia fundamental y fundadora de las búsquedas de un arte y un pensamiento artístico nacional y moderno.

UN PRIMER FRUTO EN LA DOCENCIA

Todo parece indicar que hacia 1910, Raúl Borges comenzó de manera privada su larga actividad de docente con la guitarra. Sin embargo, no publicó ningún anuncio en la prensa de la época promocionando sus lecciones musicales, como era costumbre, mientras que, por ejemplo, Jesús María Suárez y Andrés Delgado Pardo, profesores de la Escuela de Música, ofrecían métodos de enseñanza y clases a domicilio. Más allá de la exactitud de esa fecha, lo cierto es que muy pronto se destacaría la primera de sus alumnas, la caraqueña María Corina Moreno.

El principal crítico en la vida musical venezolana, el compositor Rházes Hernández López, en 1959, escribió en un artículo titulado "La escuela guitarrística de Caracas":

El primer discípulo de valimiento formado por el Maestro Borges, fue una niña que a los trece años ofreció un concierto en el Municipal, y en cuyo programa incluyó auténticas piezas de virtuosismo, obras de Tárrega, Sor, Albéniz y otros maestros. Se recuerda de esta audición, el *Capricho árabe* y *Recuerdos de La Alhambra*, de Tárrega. Esta dama fue más tarde la señora María Corina Moreno de Crassus; según el decir de su maestro y de todos aquéllos que le oyeron, era una revelación, una concertista admirable con cualidades artísticas para haber sido una figura en su arte.[27]

Efectivamente, Moreno recibió clases de Borges por insistencia de su padre, quien era aficionado a la música. Sin embargo, el recordado recital fue sólo una participación en el concierto de bienvenida al violinista Ascanio Negretti Vasconcellos, el 6 de febrero de 1915, en el Teatro Municipal de Caracas, en ocasión de su regreso de Europa, donde realizó estudios musicales. Al concierto asistió numeroso público, y fue considerado un verdadero "acontecimiento social", como se desprende de una nota de invitación aparecida en la prensa:

La audición musical de esta noche, donde se presenta al público caraqueño el joven Ascanio Negretti Vasconcellos, promete ser un verdadero acontecimiento social, prestigiado por la presencia de la Caracas elegante. Sabemos que todos los palcos y casi todas las localidades han sido apartados y que nuestro hermoso Municipal estará lleno.[28]

Luego de la intervención de Negretti, acompañado por una orquesta dirigida por Pedro Elías Gutiérrez, se presentó la novel guitarrista. Causó una honda impresión en el público, que quedó reflejada en el comentario que escribiera el compositor Manuel Leoncio Rodríguez, quien no dudó en llamarla "genial guitarrista":

Después que hubo ejecutado el joven Negretti su primera pieza, tocóle su turno a la gentil señorita María Corina Moreno Muro interpretando con alma de genuina artista esa joya musical de Tárrega, el *Capricho árabe*. Los que saben de las grandes dificultades de la guitarra supieron juzgar debidamente todo el mérito que tuvo la ejecución de dicha pieza, pues fueron una verdadera aclamación los aplausos del público que desde un principio se dio cuenta del temperamento musical de la referida señorita,

y queremos creer que al bien aquel selecto auditorio tributaba sus honores al triunfo obtenido por ella sobre los escollos de dificultades mecánicas de la guitarra, instrumento juzgado por algunos críticos, más difícil que el piano. Se los llegó a tributar también y quizás más decididos, a su delicada manera de sentir y expresar los rasgos de endechas que festonan como violetas lilas el marco con el cual el célebre maestro español ha resguardado las frágiles filigranas de su obra. A los justicieros agasajos del público, la señorita Moreno Muro correspondió ejecutando la *Serenata morisca*, de Chapí, obteniendo otro nuevo triunfo, y a aquellos tan reiterados aplausos que premiaban su estro musical hubo ella de ejecutar otra pieza, *La perjura*.

Mientras la genial guitarrista ejecutaba estas composiciones, nos vinieron a la mente algunos de los inspirados versos de Marcano Rodríguez...[29]

En la prensa, otro comentarista también reseñó:

Lúcida representación de nuestro mundo social concurrió ayer a nuestro primer coliseo el cual presentaba el aspecto sugestivo de sus mejores días... La señorita María Corina Moreno Muro tocó magistralmente sola en la guitarra, los números que le correspondieron, mereciendo numerosos aplausos por el exquisito sentimiento con que atacó las notas que brotaban al conjuro de sus manos, límpidas y sonoras...[30]

Más adelante y en el artículo citado, Rodríguez también describió la presentación de una estudiantina "compuesta de muy distinguidas damas y caballeros de esta ciudad", llamada "Sociedad Filarmónica de Caracas", que dirigía él mismo, con veintidós miembros entre los cuales se encontraban tanto Borges como su destacada alumna.

María Corina Moreno sería miembro del Centro Musical hasta el momento de su matrimonio, en abril de 1918, abandonando para siempre la música por exigencia de su esposo, para desazón de su maestro y del incipiente movimiento guitarrístico venezolano.

EL ALMACÉN
DE MÚSICA

Sociedad Editorial de Música

Plaza del Príncipe Alfonso, 10.-MADRID

Venezuela

Sr. D. Raúl Borges
Almacén de Música.
3ra 2   nº 15

Caracas

En caso de no hallar al destinatario se ruega la inmediata devolución de esta carta.

unque no se han encontrado documentos que avalen la información, parece ser que Raúl Borges trabajó en el reputado establecimiento de música que pertenecía a Salvador Narciso Llamozas, el cual era uno de los de más larga existencia en el país, con ya más de treinta años de actividad. Esto resulta plausible si se considera que Llamozas, como ya se vio, era frecuente visitante de la familia Borges Requena.

Poco más tarde, en agosto de 1914, el joven músico pasó a ser propietario del comercio del renombrado maestro. La importancia de este negocio queda en evidencia en la siguiente nota de prensa, a propósito de la transacción:

> Por la circular que publicamos hoy nos imponemos de que esta acreditada firma traspasa su establecimiento de música al señor Raúl Borges.
>
> Data su fundación desde 1883 y a la inteligente iniciativa de sus directores débese el incremento que ha tomado entre nosotros el negocio de música, el cual permanecía estacionario hasta aquella época. Labor de propaganda a favor del arte nacional han sido las obras editadas por dicha casa, entre ellas, *Valses venezolanos, Armonías del Ávila* y las ediciones del *Himno Nacio-*

nal y el *Popule meus* de Lamas, enriquecidas con interesantes datos históricos.

Cupo la honra a la casa de S. N. Llamozas & Cía., de ser la elegida por el Gobierno Nacional para llevar a cabo las publicaciones artísticas del Centenario de la Independencia.[31]

El almacén estaba ubicado en el centro de Caracas, entre las esquinas San Francisco y Pajaritos, Sur 2, número 15, y hasta entonces, como indica su papelería, llevaba el nombre del viejo maestro: "Salvador Narciso Llamozas & Ca. - Establecimiento de Música - Música e Instrumentos - Artículos de Escritorio".

Llamozas es una de las figuras más importantes de la música venezolana, que aún espera un estudio biográfico serio y completo. Su vida y la variedad de su actividad profesional resultan fundamentales para comprender la situación musical nacional durante el paso de los dos siglos. Pianista destacado y profesor del instrumento, durante largos años y hasta su muerte; miembro fundador de la Academia de Música, bajo la dirección de Ramón de la Plaza; compositor precursor del nacionalismo musical en el país; director y creador de la importante revista musical quincenal *La Lira Venezolana*, en 1882, donde publicó notas y reseñas; fue, además, uno de los más activos editores de música de esos años. Todo esto debió darle a su establecimiento comercial un respeto y una impronta sin duda trascendentes.

Así puede entenderse que Borges asumiera con mucho interés la dirección del negocio, al menos en sus inicios, como puede seguirse de la abundante correspondencia de sus primeros meses. Trabajó con ahínco pidiendo cotizaciones e informándose sobre formas de pago y descuentos de los materiales a importar, relacionándose rápidamente con proveedores de Francia, Estados Unidos, Italia y hasta de Alemania, países que a la postre pronto comenzarían a hundirse en lo que fue la Primera Guerra Mundial. En algunas de las cartas de respuesta, las casas europeas hacían mención a los sangrientos momentos por los que pasaba el viejo continente, y no deja de aparecer algún representante que intentara aprovecharse de la dramática situación para ganarle el mercado latinoamericano a Alemania. Además, el músico travestido en comerciante averiguó los costos de impresión de obras musicales, al menos en 1915, lo que indica su intención de proseguir el trabajo editorial de su predecesor, si bien no llegó a realizar ninguna, hasta donde se conoce.

El negocio, entonces llamado "Almacén de Música Raúl Borges", ofrecía principalmente instrumentos –flautas, clarinetes, violines, trompetas, pianos, mandolinas y guitarras– y cuerdas –para guitarra, tanto de tripa como de metal–, pero también libros y partituras. Gracias a una solicitud de un temprano cliente, en diciembre de 1914, se sabe que aparecieron anuncios de prensa para promocionar sus mercancías. En ese mismo pedido, hecho desde Valencia, se constata el gusto de la época:

> Hemos visto un aviso en el cual dice de la rebaja de precios que Ud. tiene en su almacén de música y desearíamos ver si tiene las siguientes piezas y cuál es su precio: "Jerusalem" a dos manos por Gottshalk, "Trémolo", idem, "Clair de lune", Beethoven, "Sonata patética", idem, "Rhapsody B minor", Brahms; "Rapsodias Nº X - XIII" de Liszt; "Nocturne op. 48 Nº 1", Chopin, "Tarantelle" op. 43, idem; "Barcarolle op. 60", idem; "Colección de valses", idem; "Tour de Noces. Marche", Grieg; "Erotik" (Poeme erotique), idem; "Colección de valses", Delgado Palacios. Agradeceré a Ud. se sirva decirnos la manera de enviarle su valor y su pronta contestación.

Por la siguiente carta del mismo cliente, en la cual afirma haber recibido las piezas solicitadas, se puede tener una idea de los precios. Todas esas partituras costaron apenas diecinueve bolívares, es decir, unos escasos seis dólares de la época. La carta termina: "En espera de su contestación y del catálogo ofrecido, quedo muy satisfecha de su eficacia anterior". Agregando una posdata: "Va 1 Bs. adelantado a cuenta del próximo pedido. Vale".

No obstante, a pesar de que durante largo tiempo Borges atendió su negocio, no tenía personalidad de comerciante, ni afán de lucro. A los pocos meses de su asunción como propietario, fundó en el ático del local un Centro Musical.

Fue así como el almacén se convirtió más bien en un lugar de encuentro con sus amigos músicos. Se puede presumir, por tanto, que el negocio no llegó a ser lo próspero que pudo haber sido, ni ocupó el lugar que había tenido en el medio venezolano en manos de Llamozas. Una alumna cuenta que cuando el peculiar maestro-comerciante hacía música con sus amigos, no aceptaba que lo molestaran los clientes, prefiriendo negarles la existencia de cualquier mercancía solicitada.[32]

A su llegada de Europa, reinstaló el negocio en un local cercano a la Escuela de Música de Caracas, ubicada ya en la esquina de Santa Capilla, en el centro de la capital. Este almacén, del cual no quedan documentos, existió hasta los primeros años treinta, abandonándolo al comenzar su actividad como profesor oficial en la institución musical.

EL CENTRO MUSICAL

Borges es el tercero atrás, luego de la columna de la derecha. Aparece a su lado Manuel Leoncio Porras y en primera fila, con la guitarra, pudiera ser Teresa de la Parra. Octubre de 1918.

Como ya se comentó, Raúl Borges promovió y fundó un Centro Musical muy ligado a la actividad de su Almacén de Música, cuya sede se encontraba en los altos del mismo local comercial. La única referencia bibliográfica que da cuenta de esta asociación se le debe a José Antonio Calcaño, quien, en su principal obra *La ciudad y su música*, de mediados de los años cincuenta, destacaba la figura del maestro y guitarrista, pero consideraba como superficial la pretensión de este Centro:

> Por 1915 se fundó el Centro Musical, uno de cuyos principales sostenedores fue Don Raúl Borges, admirable artista cuya vida ha sido toda, hasta hoy, una interminable abnegación por el arte, y quien es el más grande de nuestros profesores de la guitarra de concierto. Este Centro Musical, en aquella época, no podía ser otra cosa que un sitio de reunión social, de animadas conversaciones y de grato esparcimiento, con un poquito de música. Naturalmente, de allí no salió nada de importancia para nuestra música, la cual seguía cuesta abajo sin que nada pudiera detenerla.[33]

Para ser exactos, el Centro Musical se fundó el 24 julio de 1916, a las cuatro de la tarde, gracias a la iniciativa de "los señores Raúl Borges, compositor de reconocida competencia, Federico de Legórburu, aplaudido virtuoso del piano, y José Manuel de los Ríos, uno de nuestros más notables violinistas jóvenes".[34] También figuran como miembros fundadores Manuel Leoncio Porras, Ramón Elías Azerm, Juan Vicente Lecuna –quien fue miembro de la junta directiva, desde noviembre de 1916– y Rafael Latouche, entre otros amigos cercanos del guitarrista.

Más allá de su destino, el Centro Musical debe ser visto como uno de los primeros intentos propuestos abiertamente con el fin de reactivar el movimiento musical venezolano en el siglo XX, que se entendía entonces en decadencia. De hecho, entre sus objetivos se encuentran algunas de las preocupaciones fundamentales que surgirán años más tarde de las mentes más lúcidas de esa generación renovadora. Como se lee en el "Acta de instalación", su propósito era el de "contribuir al mayor adelanto de la música en Venezuela, promoviendo estudios, audiciones, conciertos, certámenes, etc., etc."[35] No sería del todo descabellado pensar, como ya se comentó, que el objetivo original de esta iniciativa, entonces y al menos para Borges, haya sido el de constituir una agrupación que significara para la música un estímulo equivalente al del Círculo de Bellas Artes para las artes plásticas.

En la primera acta de la directiva consta que se había decidido:

> [...] para darle mayor representación al 'Centro', nombrar varios miembros honorarios, escogidos en su mayor parte entre personas de reconocida autoridad en conocimientos músicos [sic], y para revestirlo de una forma social y recreativa, crear una Junta representativa compuesta de Señores

y Señoras de esta sociedad, y un grupo de Señoritas, que
serán colaboradoras".

Este grupo de miembros honorarios "con reconocida
autoridad en conocimientos músicos", paradójicamente en
el espíritu de los tiempos, estuvo encabezado por el general
Juan Vicente Gómez y algunos políticos de su entorno. No
obstante, luego aparecen efectivamente músicos y personajes
relevantes de la intelectualidad capitalina, como Salvador N.
Llamozas, Pedro Elías Gutiérrez, Manuel Leoncio Rodríguez,
Jesús María Suárez, Juan Antonio Paz Castillo (discípulo de
Ramón Delgado Palacios), José Gil Fortoul, Manuel Díaz
Rodríguez y Andrés Mata, entre otros. Entre las señoritas
colaboradoras destaca el nombre de su discípula, María
Corina Moreno.

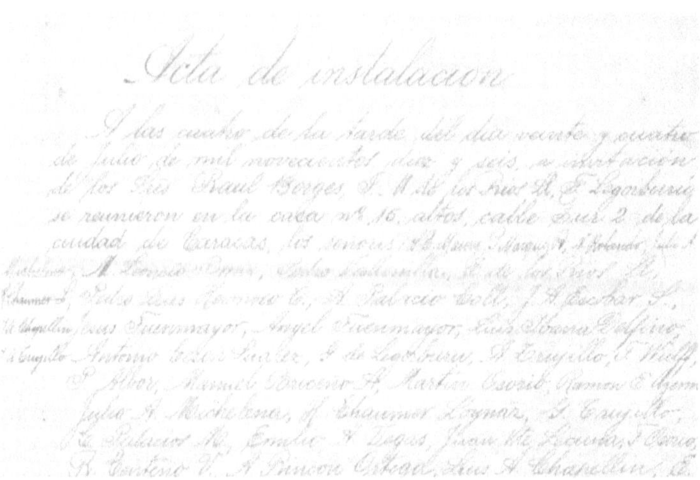

Libro de actas del Centro Musical. Colección A. Bruzual.

El 30 de julio se efectuó el primer evento organizado por el Centro, y la prensa comentó la presencia de numerosas damas de sociedad. Desde entonces, se desarrollaría una actividad con un claro rumbo social, pero con algo más que "un poquito de música", como había ironizado Calcaño. Una reveladora reseña habla de una "fiesta de arte y cultura social", y en ese mismo "concierto y baile", "el reconocido profesor Raúl Borges, arrancó de la guitarra acentos delicados, dando a probar sus aptitudes y conocimientos artísticos".[36]

Sorpresivamente, el 9 de agosto de ese año, apenas realizado el segundo concierto, se llevó a cabo una sesión extraordinaria en la cual renunció a su cargo de tesorero. Es difícil explicar esta rápida deserción. No resultan satisfactorios los argumentos esgrimidos por la prensa, en los que se afirma que "fue nombrado tesorero interino, el señor Genaro de Legórburu por haber renunciado el señor Raúl Borges, promotor y fundador de este Centro, por no permitírselo sus ocupaciones".[37] El maestro guitarrista y promotor mantuvo un contacto cercano con el grupo, pero, aunque reiteradas veces participó en las comisiones para la organización de los eventos, intervino poco en los conciertos que se ofrecieron desde entonces.

En el pequeño local del Centro, también se organizó una estudiantina de señoritas dirigida por el guitarrista y compositor Manuel Briceño A. Se dieron conciertos de arias de óperas y oberturas. Allí se presentó el violinista chileno Luis Palma, de paso por Caracas, y se presentó a la prensa el pianista y niño prodigio español Julito Ramos, además de otros solistas y no pocos conjuntos de cámara, de muy diversa índole. Incluso, se realizó una audición de los nuevos fonógrafos, propuesta por el mismo Borges. Los conciertos incluían, a veces, lecturas de poemas, en las cuales aparece declamando, en muy diversas oportunidades el pintor Pedro Centeno Vallenilla.

El guitarrista aparece en el concierto del 2 de septiembre de 1916, como ejecutante de la bandola dentro de un peculiar grupo formado por los bandolinistas Ángel Fuenmayor, Jesús Fuenmayor y Pedro Luis Hermoso, el guitarrista Manuel Briceño, el chelista Enrique de los Ríos Llamozas y el violinista Juan Manuel de los Ríos Llamozas. Interpretaron la obertura *Poeta y aldeano*, de Franz von Suppé.

Todas estas actividades quedaron manifiestamente "realzadas por la presencia de distinguidas señoras y señoritas de la sociedad de Caracas".[38] Con bastante regularidad y durante dos años, el Centro desarrolló sus actividades, celebrando con gran boato sus aniversarios.

Ya no formaría parte de las diversas juntas directivas posteriores –elegidas cada seis meses–, sin embargo, en algunas notas de prensa se hablaba todavía del "Centro Musical de Raúl Borges", quizás por tener sede en su Almacén de Música. De hecho, a mediados de 1917, se comentó la posibilidad de mudarse de local, ya que éste resultaba pequeño para el éxito de público alcanzado:

> Son muchas las familias que pertenecen al Centro Musical, tantas que ya se hace indispensable para esta sociedad, el proporcionarse un local más amplio, más espacioso, que pueda dar cabida, no sólo a las que la componen hoy, sino también a muchas que desean incorporarse a ella, animadas del noble propósito de engrandecerla.[39]

Para entonces, ya el Centro Musical había dado lo que podía ofrecer musicalmente, y era, sin más vueltas, un centro social, una suerte de club con tarjeta de miembro, donde se bailaba y se tomaba el té, y de vez en cuando se oían conciertos. Entonces sí se convirtió en "un sitio de reunión social, de animadas conversaciones y de grato esparcimiento", como había juzgado Calcaño, el lugar de encuentro de la clase social privilegiada, donde se obtenía un barniz de cultura, cenáculo de diletantes, como se reconoce en los comentarios de prensa de esos días:

> Con una atractiva velada el Centro Musical es también un centro de sociabilidad que merece el apoyo de todas las personas cultas, y muy especialmente el de los padres de familia que tienen hijos; pues halagados estos por los éxitos que obtiene el Centro Musical, se dedicarán a estudiar el arte que nos embelese la existencia.[40]

Las actividades comenzaron a disminuir a lo largo del año 1918, siendo su última convocatoria un "Certamen del Centro Musical", cuyos premios serían entregados ese noviembre por un jurado conformado por Llamozas, Manuel Revenga y J. M. Hurtado Machado, y del cual se desconoce el resultado. Las bases del concurso fueron las siguientes:

> El Centro Musical con el propósito de laborar cada día más por el cultivo y progreso de la música y especialmente de la música nacional, ha promovido un certamen entre los músicos venezolanos, con los siguientes temas:
>
> 1. Una "gavota" para estudiantina, en partitura de bandolines, bandolas y guitarras, con partes de primer violín y violoncello.
>
> 2. Una "romanza de salón" para piano, con letra del poema "Soledad" de Francisco G. Pardo.
>
> 3. Un "vals" al estilo venezolano, escrito para piano, que contenga seis partes y con su correspondiente introducción y coda...[41]

UN CAPÍTULO AMOROSO

Durante los días de actividad del Centro Musical y los comienzos de su Almacén de Música, Raúl Borges mantuvo una curiosa relación sentimental de carácter epistolar, con una clienta del interior del país. Ella era profesora normal y tendría entonces unos veinte años. Impartía clases particulares de piano y con frecuencia realizaba pedidos musicales.

Borges conservó, durante toda su vida, todas las cartas de la joven, mientras que solo un borrador de las propias. Esta correspondencia tiene interés particularmente psicológico, como una curiosa anécdota biográfica, y revela un aspecto emotivo que no está documentado en ningún otro momento de la vida del guitarrista. Además, permite asomarse a su vida privada, ofreciendo la percepción que de él se tenía en esos días. Finalmente, esta relación a distancia permite acercarse, en alguna medida, al comportamiento humano y los valores sociales de la época.

Con bastante delicadeza, siendo una iniciativa femenina en un mundo marcadamente machista y patriarcal, luego de más de un año de contactos comerciales, ella provocó el encuentro personal: "Le doy las gracias por sus frases de amistad ya que ha sido siempre tan culto y fino en sus cartas, en cambio tengo el deseo de tratar algún día a quien se ha mostrado tan cortés y amable". En su respuesta, seguramente mostrando el mismo interés, Borges le confesó a su "dulce desconocida" –según se desprende– intimidades familiares, cosa que no era habitual en él, pidiéndole una fotografía que adelantara el encuentro. A esto, la joven le contestó:

Mi estimado amigo:

Hoy domingo tengo el placer de dedicarle un rato para contestar su amable e *impulsiva* carta del 2.

Agradezco bastante sus honrosos conceptos que me llenan de satisfacción.

Hasta hace poco, antes de recibir su última, lo tenía a Ud. por un caballero enamorado de la Música y del Arte, culto, laborioso y honorable como el que más.

A estas bellas prendas personales, agrega hoy otra, que lo eleva más todavía.

Fácil es comprender la grata impresión que ha hecho en mi espíritu el saber que he venido cultivando amistad con un joven que además de lo dicho, posee la encomiable virtud de haber sido fervoroso adorador de su señora madre, a cuya santa memoria tributa aún, el respetuoso homenaje de su cariño filial.

Siempre he creído que de quien es buen hijo y excelente hermano, se puede muy bien ser buen amigo y es por ello que, complázcome en confesarle que de hoy más, me inspira Ud. un poco de confianza... ya ve que me atrevo a decírselo sin ruborizarme.

Por su carta veo que quiere hacer desaparecer nuestro amable y simpático incógnito, nuestra rara y atrayente situación. Francamente que mi deseo era conservar mi carácter de "dulce desconocida" hasta el momento de conocernos personalmente;

pero ya que Ud. lo desea y sinceramente quiero no tenga que resentir de mí, le prometo que al tener un retrato que me va a sacar Félix, se lo enviaré. Interpretando su deseo y a título de devolución, le envío esa Semblanza que una galante y gentil amiga me dedicó.

Voy a referirle una simpática entrevista en que me hablaron de Ud. muy bien. Ayer teníamos reunión las Hijas de María en el Colegio de Lourdes. Al terminar me quedé hablando de música, etc. con mi querida maestra (la Superiora). Lo nombramos con motivo de haberle encargado música últimamente y me dijo que Ud. es pariente de la muy educada Hna. Serafina. Como yo le manifestase sorpresa, la Hna. Ana Julia la llamó y le preguntó ¿qué tal es el Sr. Raúl Borges? A lo cual contestó con frases llenas de elogios.

No tengo ninguna *razón especial* que me impida complacerlo, sino que actualmente no tengo una fotografía reciente disponible.

Muchísimas gracias por la postal de Teresa Carreño que me agradó bastante y que conservo con toda estimación. Mamá y todos los míos retornan a Ud. saludos muy atentos y yo le envío la expresión de mi bien sincera amistad.

Poco a poco la relación se fue estrechando. Borges dio un paso audaz en su siguiente misiva, puesto que la joven le contesta, con insinuaciones bastante evidentes:

No puedo ocultarle que su párrafo respecto a mis confidencias, casi me ofendió. Acabando de leerla exclamé: ¡todas las ventajas las quiere él para sí!

En realidad lo pensé, qué franca!.. ¿Verdad?

Me parece que hoy debo serlo más que nunca.

¡Cómo cree Ud. posible que sea yo la primera en hacerle confidencias! tan íntimas a mi modo de ver y de sentir, que no deben confiarse al papel?

Ud. parece instarme a ser, quien lleve la iniciativa en cosas que no me corresponden; eso sería invertir la razón natural de las cosas; caso imposible dada la rigidez de nuestras buenas costumbres y de nuestra educación. En E.E.U.U. proceden quizás así...

Si le digo que rehúyo, temo las ilusiones amorosas, quizás no me creerá... pero es muy cierto, por encontrar que los tiempos y la generalidad de los jóvenes, quizás se avendrían mal con mi carácter lleno de seriedad, de lealtad y de bondad, (juzgándome imparcialmente) lo cual me haría sufrir si no me tratasen de igual manera.

Yo encuentro que en este sentido soy algo pesimista; pero prefiero ser así, no hacerme ninguna ilusión. Tampoco es por creerme más de lo que soy.

Vamos a hacer un cambio si Ud. quiere que nuestra correspondencia continúe:

"Lleve Ud. (si no le trae perjuicios) la iniciativa en lo que desee con respecto a mí, procediendo con toda franqueza"; ya que no conociéndonos sino por cartas es muy lógico no tengamos esa mutua confianza.

Mientras recibo noticias suyas, me es grato enviarle mis más expresivas gracias por su bellísimo canto a la Sma. Virgen.[*] Que Ella lo ilumine en lo que Ud. necesite y le conceda la dicha que le deseo.

Seguidamente, Borges le mandó una foto suya y ella le respondió con ingenuidad: "casi me lo suponía así". A su vez, ella le envía a él su retrato "en prueba de amistad y alto aprecio". A partir de entonces, el músico-comerciante sería un "estimado amigo íntimo" para la joven, quien le describió su ideal de hombre, que se resumía como:

---

[*]   Habla del *Ave María* compuesto por Borges, al que ya había hecho referencia en misiva anterior.

"buen cristiano, artista, inclinado a lo bello, distinguido, consecuente, bondadoso, circunspecto, contraído, franco, inteligente y amoroso; de modales cultos y finos, de sentimientos nobles y elevados". En la misma carta le solicitaba que aplazara su viaje hasta que pudiera hacerlo sin sacrificios. Más adelante, agregaba:

> En tal virtud, en días pasados le hablé (a la madre Superiora del Colegio de Lourdes) de nuestra rara situación y aún, de nuestro naciente afecto. Ella (según me lo confesó ayer) temió que siendo Ud. un caraqueño desconocido no tuviese quizás intenciones bastantes formales y llamó (al irme yo) a la buena Hna. Serafina para saber a qué atenerse. Ésta le dio íntimamente referencias que en parte me comunicaron ayer y que me halagaron.

Así, definitivamente, le pidió precisar la fecha de su viaje para conocerse. Sin embargo, entonces tuvo lugar un equívoco que Borges no llegó a aceptar o no logró perdonar. La madre de la joven le mandó una pequeña esquela en la que le decía, en nombre de su hija, que "retira el deseo de su viaje y recordará sólo el oro de sus primeras cartas, olvidando la arena de su deseo-temor".

Corresponde el turno, entonces, al borrador de la única carta que se conservó del futuro maestro, lo que indica que reflexionó muy bien lo que escribiría a la madre y, por ende, como respuesta a la hija:

> Muy señora mía:
>
> Tengo el honor de referirme a su importante esquela del 17 del corriente.
>
> Siento muchísimo que mi buena amiga haya interpretado mal mi última carta. Si ella hubiera meditado más y mejor

mi ingenua confesión y hubiera esperado la continuación de mi carta, lo cual no pude hacer oportunamente por haberme enfermado, habría encontrado el oro en mi deseo-temor. ¡La audacia en amor es índice de mala fe!

Cumpliendo sus deseos no tendré el placer de ir a conocerlas personalmente, cosa que ardientemente anhelaba.

No puedo ocultarle que me ha resentido hondamente la ocurrencia (de aprovechar [tachado]) de haber adjuntado un giro (saldo de cuenta) a una carta que es casi el saldo de nuestra amistad. Al menos merecía la alta estimación y aprecio de que les he dado testimonio, un poquito de consideración y delicadeza.

Por lo demás, pueden contar siempre con el afecto y la estimación de su humilde servidor,

q.b.s.

Raúl

Este malentendido generó una evidente angustia en la joven, confundiendo sus sentimientos con raptos de desesperación adolescente, no acordes en definitiva con una mera relación epistolar. Madre e hija intentaron disculparse, pero Borges les respondió de manera más lacónica que tajante. Los símiles y las insinuaciones románticas ya no le causaban ningún efecto. La joven le escribió:

Tengo pena de escribirle y sin embargo comprendo que debo hacerlo.

Mi impaciencia por recibir carta larga suya, mi susceptibilidad para con Ud., mis dudas, etc. ¿Serán excusa por haber procedido sin calma con "el jardinero de mi ilusión?" Las ideas que me asaltaron violentas, la distancia que nos separa y cierta inexperiencia, produjeron el caos en mi espíritu y contribuyeron al atropello de la "frágil, tierna y delicada planta".

Y en otra carta, le confiesa su arrepentimiento: "Muy lejos de conceptuar mal su indecisión en definir su afecto hacia mí, la apruebo, pues me hace abrigar la esperanza de que mi amigo Raúl jamás será capaz de engañarme!.. me retracto de haber dicho que *tal vez* podría reprocharme haber sido demasiado expansiva con Ud..." En las siguientes misivas, le reclama lo breve y lo espaciado de sus respuestas, siempre pidiéndole que le escribiera más: "Que al tener oportunidad, se desquitará con creces, haciéndome cartas largas... dobles... triples, como las deseo... tanto!"

Evidentemente, el caraqueño había desistido ya de ir a conocerla y sus respuestas perdieron todo romanticismo, desviando su atención a su salud, y al nuevo Centro Musical, a cuyas reuniones la invitaba. Ella le contestaba, con evidente exceso:

Mi buen y dilecto amigo:

Así como después de la lluvia el sol brilla con más esplendor, así, después de tantos días de silencio me fue bastante grato recibir noticias de su mejoría. Me angustié mucho todos estos días por no saber nada de su salud; unido a la noticia que me dieron del estado insalubre de Caracas.

Adivino la eficaz asistencia que le han prestado aquellas dulces y queridas personas[*] que comparten con Ud. alegrías y pesares, nombre y hogar y a quienes Dios colme de ventura como merecen.

Poco tiempo más tarde finaliza el cruce epistolar, al menos, Borges no guardó más correspondencia. Es fácil advertir que el Centro Musical favoreció sus relaciones sociales, ya que como se vio, era el lugar de encuentro de numerosas señoritas

---

[*]   Se refiere a sus dos hermanas, María y Carlota.

de sociedad. Sin embargo, nada más se sabe de sus relaciones amorosas, y pocos años más tarde, hacia 1920, se casó con la talentosa pianista María Amaré de Tarbes,[*] perteneciente a una familia valenciana de alcurnia, quien era viuda y bastante mayor que él. No pareciera haberla conocido en el Centro, pues ella no aparece incluida en ninguno de los conciertos anunciados por la prensa.

El guitarrista admiraba abiertamente a su mujer. Su sobrino René, quien mantuvo un estrecho contacto con la pareja, afirmaba de ella: "Era inteligentísima, una de las mujeres más inteligentes que yo he conocido en mi vida. Era una gran pianista, estudió en Europa y dio conciertos en París". Desgraciadamente, enfermó de los nervios, y el joven marido, quien sufrió intensamente por su enfermedad, la cuidó y la atendió durante años. Recuerda su sobrino que, en algunas oportunidades, se ponía agresiva, en particular con el propio Borges. Hubo, por tanto, que recluirla en un sanatorio, donde murió poco tiempo después.

---

[*]   Alirio Díaz afirma, incluso, que María Amaré dio clases a Evencio Castellanos.

María Amaré de Borges. Foto tomada por R. Borges, Venecia, 1926.

EN LAS FILAS DE LA UNIÓN FILARMÓNICA DE CARACAS

Desde la izquierda, José Manuel de los Ríos, Alonso Calatrava, Manuel Leoncio Porras, Raúl Borges, Eduardo Calcaño S y Manuel María Marrero. Foto: Navarro. Caracas, s.f.

A finales de la segunda década del siglo, Venezuela se encontraba en la etapa central y más cruenta de la dictadura de Juan Vicente Gómez. Gracias al progresivo aumento de los ingresos nacionales y a la centralización de la recaudación fiscal, se logró concentrar aún más el poder político. El gobierno pagaría y "sanearía", finalmente, las finanzas internacionales –tan llenas de deudas inauditadas e inauditables desde los días de la Independencia– y, a la vez, colmaría las arcas del mandatario andino, convirtiéndolo en uno de los hombres más ricos del continente. Una nueva hegemonía social crecía bajo su sombra, beneficiándose de la transformación y lenta modernización del Estado, en particular al recibir concesiones mineras, de manos del dictador, que eran vendidas a empresas extranjeras de manera casi inmediata. Se gestaron, así, nuevas formas de corrupción, con inéditas relaciones entre lo público, lo privado y lo internacional, surgiendo grandes riquezas con nombres propios de aspiración aristocrática, que sentaron las bases de la sociabilidad del nuevo siglo. Al mismo tiempo, se alcanzó una paz represiva, ya sin oportunidades presidenciales para los renacientes caudillos regionales, ni siquiera para los que provenían de las zonas petroleras, cobrando vida un primitivo ejército nacional con su peso definitivo sobre el presupuesto de la nación.

No obstante la educación y la cultura eran declaradamente desatendidas por el gobierno, surgen en el país inquietudes artísticas de trascendencia histórica. Luego del Círculo de Bellas Artes y de la revista *La Alborada*, es sólo entonces cuando se atisban nuevos aportes significativos a las artes venezolanas, alrededor de los poetas de la Generación del 18 y de los músicos que hoy entendemos como una generación renovadora.

Juan Vicente Gómez en Turiamo. Foto: Luis Felipe Toro.
Colección Biblioteca Nacional de Venezuela.

Entonces, comienza a gestarse una transformación de la música en Venezuela, cuando monseñor Ricardo Bartoloni, un músico italiano, organiza y dirige la interpretación de una misa del compositor Lorenzo Perosi en Caracas, en diciembre de 1919. Para este concierto –como para otras presentaciones posteriores con obras del mismo compositor–, con mucha dificultad se reunieron los músicos necesarios. Por entonces, no existían ni una orquesta ni un coro adecuados para tal fin en el país. Se tuvo que recurrir a las agrupaciones de baile, a los músicos de ópera y zarzuela, y a los de la Banda Marcial. Aun así, faltaron diversos instrumentos que requería la partitura. Se hacía evidente la necesidad de una orquesta profesional que sirviera como base al movimiento que se avizoraba, al frente del cual estarían los miembros fundamentales de esa generación, apenas en ciernes.[*]

Con esta intención, Vicente Martucci, otro músico italiano residente en el país, fundó la orquesta llamada Unión Filarmónica de Caracas, en 1922, que daba forma a un primer núcleo real de organización musical académica en el siglo, con pretensiones de permanencia. La agrupación ofreció su primer concierto el 29 de mayo de ese año, sin apoyo público alguno. De hecho, contaba con el aporte de sus participantes para sufragar los gastos de las presentaciones. En 1923, Vicente Emilio Sojo se incorporó a ella, y asumió la dirección

ALEJANDRO BRUZUAL

---

[*] Lo que puede interpretarse como un movimiento de péndulo, entre los escasos historiadores de la música en Venezuela, se ha hecho excesivo énfasis –en particular, desde las aulas de la Escuela de Artes de la Universidad Central de Venezuela y su maestría en musicología– en que esta generación de músicos, en particular Sojo, Calcaño y Plaza, menospreciaron la actividad y la producción musical del siglo XIX, posterior a la escuela colonial y de los primeros años de la República. Haya sido desconocimiento o prejuicio, como se insiste, sería más productivo leer esto, más bien, como testimonio y confesión de parte de haber sufrido una orfandad musical, la que –asumimos– sintieron sinceramente. Sin descontar las probables injusticias, que esos mismos estudiosos vienen analizando, esos músicos "renovadores" con sentido gregario respondieron con un impulso de sorprendente generosidad hacia el futuro, que sobre sus hombros llevaron, sin parangón alguno.

durante seis meses, mientras Martucci viajaba a Europa por razones de salud. Desde entonces, Sojo fue visto y aceptado como el sucesor del maestro italiano, y líder de su generación, gracias a su capacidad musical, fuerte personalidad y disciplina de trabajo.

Diversos autores –en particular Alberto Calzavara– han señalado que, en mayo de 1924, entraron a formar parte de esta orquesta músicos de cierto renombre, entre los que se encontraban Raúl Borges, Juan Bautista Plaza, Pedro Elías Gutiérrez y Primo Moschini.[42] Por desgracia, no se sabe la función que cumplieron en ella, ni si su incorporación fue como instrumentistas o simplemente como miembros honorarios de la sociedad. Hasta donde se conoce, nadie oyó tocar a Borges ningún instrumento de orquesta. No obstante, como ya se comentó, Juan Padrón afirmaba que ejecutaba el violín y que, de hecho, conocía su técnica básica y repertorio.

Más allá del esfuerzo evidente para sostener y mantener activa la Unión Filarmónica de Caracas, nunca se consiguió ni apoyo económico externo ni se contó con los instrumentistas necesarios. Así, a raíz de la rebelión estudiantil que tuvo lugar en 1928, en clara oposición al gobierno, creándose tensiones sociales y políticas, la orquesta se disolvió definitivamente el 26 de enero del año siguiente. Pocos meses más tarde, Sojo emprendió otra gesta titánica, inicialmente al lado del mismo Martucci, para fundar la Orquesta Sinfónica Venezuela, agrupación con la cual Raúl Borges no tuvo relación alguna.

UN DIPLOMÁTICO EN PARÍS

G racias a los estrechos vínculos que con el gobierno mantenía Carlos Borges, para entonces capellán del ejército de Juan Vicente Gómez, su hermano Raúl obtuvo un nombramiento en la embajada de Venezuela en la capital francesa. Así señala el acta respectiva:

Secretaría de Legación

Estados Unidos de Venezuela - Ministerio de Relaciones Exteriores - Dirección de Política Internacional.

116 y 67

Caracas: 6 de enero de 1926

Resuelto

Por disposición del ciudadano Presidente de la República se nombra al ciudadano Raúl Borges Segundo Secretario de la Legación de los Estados Unidos de Venezuela en la República Francesa.

Comuníquese y publíquese.

Por el ejecutivo federal.

Itriago Chacín[43]

El ya conocido músico publicó en algunos diarios capitalinos, durante los primeros días de febrero de 1926 y muy a la usanza de la época, una tarjeta en la cual expresaba: "Raúl Borges y su señora María Amaré de Borges se despiden de sus amistades y se ofrecen a sus gratas órdenes en París". Los esposos habitaron el número 1 de la Rue de la Pompe en la Ciudad Luz.

Para entonces, la legación venezolana tenía como Enviado Extraordinario y Ministro Plenipotenciario a Simón Barceló, quien a partir del marzo de 1927 fue sustituido por César Zumeta, un intelectual abiertamente defensor del régimen dictatorial. Entre los agregados civiles de la embajada se encontraba el escritor Julio Garmendia, mientras que el violinista Ascanio Negretti fungía como cónsul en Saint-Nazaire. Dentro de sus funciones diplomáticas, a las que no llegó a habituarse porque su carrera diplomática fue muy breve, Borges sólo pudo participar en los acuerdos de reciprocidad de equivalencia de estudios medios entre Venezuela y Francia, que se aprobaron durante su estancia en París. En agosto de 1927 sería sustituido por Raúl Capriles.

No obstante, aprovechó su estancia europea para realizar viajes que fueron importantes en su vida creativa. Consta su visita a diversas ciudades francesas, como Lisieux, entre ellas. De España, se conservan fotos suyas en San Sebastián y Granada, donde visitó el palacio de La Alhambra, que sería la inspiración de su trémolo *Fuente morisca*. En Italia, al menos fue a Venecia y Nápoles, donde subió a la cima del Vesubio. Se sintió atraído por el cráter del volcán, percibiendo una extraña fuerza telúrica que apenas pudo dominar, como confesó más tarde a su discípulo Alirio Díaz: "Que si no me agarran me hubiera lanzado".[44]

En París, 1927.

En Europa, junto a su esposa, 1927.

Evidentemente, París fue lo que más lo cautivó y emocionó. A Rafael Paiva, otro de sus discípulos, le decía con la efusión del recuerdo: "Cuando quieras gozar de la vida, ve a París… ve a París..." De hecho, allí tuvo vivencias inolvidables. Con bastante audacia y espontaneidad –si se piensa en lo provinciana que era la Caracas de donde provenía y el medio social del cual provenía–, se expuso a una experiencia alucinógena en un fumadero de opio. Contaba a sus alumnos que había necesitado de una profunda fuerza de voluntad para no volver a hacerlo, asegurando que "aquello es extraordinario".[45] Esto fue, ciertamente, el origen de su obra *Sueño de opio*, una fantasía para guitarra compuesta sobre un tema hindú.

Alirio Díaz contaba que Borges había oído en Europa a grandes músicos, en particular guitarristas, entre otros, a los discípulos de Tárrega, Miguel Llobet y Emilio Pujol, conociendo a través de ellos la técnica guitarrística del gran maestro, la más novedosa y avanzada para ese entonces. Desde entonces, la escuela de Tárrega sería su más clara referencia a la hora de abordar la actividad académica.

En una foto que acompañaba a ésta, enviada a su hermano "Sr. Pbro. Dr. Carlos Borges" en Maracay, le escribió: "En la 'Alhambra' recordando románticos tiempos... te envía un cariñoso saludo/ Raúl". Granada: 21.7.27

AGUSTÍN BARRIOS MANGORÉ

Para mi queridísimo amigo, el caball...
regolano Sr. Tomás Castillo Rengel J...
familia, en testimonio de la cordial...
devota
D. Manfré.

Cuando el genial guitarrista paraguayo Agustín Barrios Mangoré llegó a Venezuela, en febrero de 1932, venía de recorrer prácticamente todos los países del sur del continente, sin embargo Caracas significó el mayor éxito de su vida. Uno de sus biógrafos, Richard D. Stover, lo define así: "Este debió ser un momento maravilloso: entusiastamente aclamado por la crítica tanto como por el público y, además, en lo que respecta a las finanzas –en ningún otro tiempo alcanzará tal éxito–. Barrios estaba en el zenit de su habilidad artística y técnica".[46] Esto también fue producto de un momento de efervescencia cultural y de una nueva conciencia política en el país, producto de las remozadas aspiraciones de apertura democrática que fueron propias de la última etapa del gobierno de Juan Vicente Gómez, a partir de la rebelión estudiantil y civil de 1928 y hasta la muerte del dictador, en 1935. Al mismo tiempo, se venía incrementando el poder económico de la nación, convertida ya en el mayor exportador de petróleo del mundo y el segundo productor luego de los Estados Unidos.

Se habían anunciado solo tres conciertos en el Teatro Municipal de Caracas, que debieron haber generado sorpresa y hasta cierto rechazo en el público habitual de dicho escenario, incluso en muchos de los músicos reconocidos de entonces, acostumbrados a ver la guitarra como un instrumento de las músicas populares, de fiestas y serenatas. Ahora, sus cuerdas sonarían en el refinado teatro en manos de un "indio guaraní", cuyas fotos lo mostraban con penacho de plumas y traje aborigen. La altisonante publicidad no cejaba en los más llamativos adjetivos e hipérboles. Aunque paradójico, quizás esto explique en parte la notoria ausencia de público en sus dos primeros recitales. José Antonio Calcaño –tras su seudónimo periodístico "Juan Sebastián"– había alabado las cualidades del guitarrista, compositor e intérprete, destacando su musicalidad y comparando su virtuosismo en la guitarra con el de Liszt en el piano. El culto crítico e historiador dio, de paso, atisbos del interés que había despertado en algunos "compatriotas", entre los cuales se encontraría Raúl Borges:

> Con sólo dos conciertos, anunciados con parquedad, sin haber hecho propagandas ruidosas, ya comienza la fama de Mangoré Barrios, el guitarrista guaraní, a correr por las calles, y ya hay por ahí dos o tres compatriotas nuestros cordialmente (y justamente) fanatizados por la maestría y el alto temple artístico de nuestro concertista.[47]

Por su parte, Juan Bautista Plaza, el compositor mejor formado de entonces y uno de los pioneros de la musicología y la crítica musical en el país, en su artículo "Renacimiento de la guitarra: A propósito de los conciertos de Mangoré Barrios", luego de describir un natural vínculo de la guitarra con el mundo popular, destacó: "Relativamente escasos son entre nosotros los que han cultivado este instrumento con miras artísticas más elevadas". Además, se refería a él como "este pulcro guitarrista indoamericano, cuya prodigiosa técnica en la ejecución va unida a un auténtico talento de intérprete cálido y consciente..."[48]

El tercer concierto, que se suponía sería el último en Caracas, logró finalmente un éxito rotundo de público. El lleno de la sala y el clamor del público fueron tales que se ofrecieron nuevos conciertos, que llegaron a nueve sucesivos recitales en el mismo teatro, cambiando siempre todo el repertorio. Con seguridad, ya para ese momento Borges había entablado relación con el visitante, y de inmediato demostró ser el venezolano que para entonces tenía el más sólido conocimiento del instrumento. Fue así como, en la cuarta presentación que se llevó a cabo el 3 de marzo, Barrios Mangoré le dio la oportunidad de exponer su obra y mostrar su condición artística en un encuentro que sería determinante para el futuro de la guitarra en Venezuela. El programa estuvo dedicado a la música latinoamericana y española, e incluyó su *Fuente morisca*. Luego, la sorpresa de la noche fue que el concertista interpretó un joropo junto a un cuarteto formado por los guitarristas Borges y Porras, el cuatrista Leoncio Navarte y Estatio Crespo con las maracas. Finalmente, Mangoré, Borges y Porras interpretaron a trío la pieza *Zapateado*, del guitarrista invitado y arreglada por el paraguayo para la ocasión, produciéndose tal ovación de parte del público que "lo mismo que el joropo fue necesario repetir el número".[49] El concierto, de nuevo con lleno total de público que abarrotó puertas y pasillos, sumaba novedades definitivas: la guitarra, el cuatro y las maracas, el joropo y los guitarristas venezolanos, todos entraban al Municipal y con esto, alcanzaban jerarquía de concierto gracias al virtuosismo indiscutido de Barrios y al talento autóctono.

La evolución del criterio que se tenía de Borges, al menos desde la visión de la prensa capitalina, se refleja en las notas previa y posterior a este evento. La primera lo anunciaba apenas como "notable amateur":

> Mangoré [...] ofreció un nuevo concierto para la noche de hoy jueves, en el cual *aventajados aficionados de la guitarra, pertenecientes al elemento distinguido de nuestra sociedad* tomarán parte tocando un joropo junto con Barrios.

> [...] También Barrios en honor a tan gentiles colaboradores interpretará la "Fuente Morisca" del *notable "amateur"* señor Raúl Borges.[50]

Mientras que la posterior, del mismo periodista, destacaba su actuación ascendiéndolo al grado definitivo de "maestro": "El señor Raúl Borges, amateur de la guitarra y compositor de quilates, ya quien puede llamarse maestro, lució brillantes facultades en el joropo". Otro cronista calificó su participación con una significativa comparación: "Contribuyó a la efusiva velada la colaboración de Raúl Borges, el Mangoré criollo. Nosotros todo lo tenemos aunque sea en miniatura".[51]

A partir de su noveno concierto, Barrios Mangoré realizó una serie de presentaciones populares en salas y cines caraqueños, con programas de dos partes, alternando con películas y a precios reducidos, con un público que lo aclamó eufórico en todas las oportunidades. En sus programas volvió a incluir *Fuente morisca*, y llegó a compartir una vez más escena con Borges y Porras, advirtiéndose su próxima partida del país, una y otra vez, sin llegar a cumplirse. Cuando se llegó a su vigésimo cuarto concierto, sin incluir las audiciones privadas con las que superaba las treinta presentaciones, se anunció la verdadera despedida, sus "Bodas de plata artísticas", a la cual asistieron escritores, poetas, músicos y pintores. Este encuentro tuvo lugar en el Teatro Municipal, el 18 de abril, con la participación de Borges, "el culto aficionado, compositor y guitarrista de mérito",[52] con quien ejecutó a dúo *La Cinquantaine*, obra de Jean Gabriel-*Marie*. Según Stover, en este concierto también interpretaron a dúo *Fuente morisca* y el *Zapateado*.[53] Luego, partió en una larga gira por muchas otras ciudades y pueblos venezolanos, repitiendo sus éxitos, y presentando la guitarra de concierto en los más insospechados espacios del territorio.

Borges recibió consejos técnicos y musicales de Barrios Mangoré, los cuales le fueron de provecho para su trabajo pedagógico, y siempre lo consideraría el guitarrista de quien más aprendió en toda su vida, ciertamente, la mayor influencia sobre su destino profesional. Además, su presencia en Caracas suscitó un gran interés por la guitarra de concierto que no sería extraño que, directamente, promoviera la creación de la cátedra del instrumento, lo que tuvo lugar apenas unos meses después de su partida, en septiembre de ese año de 1932.

Luego de una transitoria y poco fructífera permanencia en Europa, Barrios Mangoré regresó a Caracas, en 1936, hospedándose en la casa de Borges, que entonces estaba ubicada en el centro de la ciudad, en La Candelaria, entre las esquinas de Tracabordo y Miguelacho. La situación política venezolana había cambiado radicalmente, producto de la reciente muerte del dictador y el surgimiento de aspiraciones populares y democráticas. La sociedad estaba inquieta y no se resignaba a la mera sucesión del trono gomecista que se le ofrecía como transición. La gente salió a la calle y se produjeron saqueos y muertes en enfrentamientos con la policía. En este inquieto clima, Barrios Mangoré realizó su nuevo debut en el Teatro Municipal de Caracas, el 29 de febrero de 1936, ofreciendo los ingresos de taquilla a la Federación de Estudiantes de Venezuela, que recolectaba fondos para ayudar a las víctimas de las manifestaciones. Aunque el guitarrista fue cálidamente aplaudido y ovacionado de pie, hubo una inexplicable escasez de público.

Apenas unos días más tarde, partió para Trinidad. Stover afirma que regresa al país en septiembre de 1936,[54] pero se encuentra ya a principios de junio en Ciudad Bolívar, donde ofrece dos conciertos, y se repite la ausencia de público. Visitó, entonces, algunas ciudades del Oriente del país, si bien no se conoce su itinerario. Para finales de julio y principios de agosto, se encuentra en Caracas, cuando se efectúa la segunda visita de Regino Sainz de la Maza, sin que se documente el muy posible encuentro de los dos guitarristas.

Según Stover: "En ese tiempo Raúl Borges intentó sin éxito interesar al gobierno de Venezuela de incorporar a Barrios como profesor de guitarra".[55] Esto habla de la profunda generosidad y gran modestia del maestro venezolano, puesto que ya su cátedra se había consolidado en sus manos, con algunos de sus discípulos más destacados, como Antonio Lauro, Flaminia Montenegro, Manuel Enrique Pérez Díaz y Fredy Reyna. Sin embargo, fue una oportunidad para que todos ellos pudieran acercarse y relacionarse con el concertista en la misma casa del maestro, como fue el caso de Lauro:

> Fue el caso de Caracas donde él encontró un anfitrión (más bien un mecenas) en el maestro Raúl Borges, quien asumió sus deudas y lo albergó en su casa. No puedo dejar de decir que los dos eran de una bondad similar y que compartían las mismas preferencias musicales.
>
> Fue en casa de Borges que yo pude vivir con Mangoré y puedo asegurarle que fue una de las experiencias más maravillosas de mi vida".[56]

Una vez más, el paraguayo se presentó en los teatros Continental y Caracas de la capital, en septiembre de ese año, con resultados similares, y la prensa apenas lo reseñó. Poco tiempo después se residenció en El Salvador, donde murió en medio de una gran pobreza, en 1944.

EL INTÉRPRETE

Raúl Borges no desarrolló, como es obvio, sus dotes de intérprete académico. Quizás se lo impidieran las limitaciones técnicas de su formación autodidacta. Lo cierto es que fueron muy pocas las presentaciones que realizó, y las más importantes de su vida fueron, sin duda, las ocasionales intervenciones en los conciertos de Barrios Mangoré.

Hasta donde se ha podido documentar, la primera referencia a su actividad como guitarrista es una nota de prensa[57] en la cual se anuncia que el 13 de junio de 1913 acompañaría a Luis Ramírez, ejecutante de bandurria, al lado de Manuel Leoncio Porras, en la primera sección de un concierto en el Teatro Nacional de la capital, con un programa que incluía una "preciosa vista de cinematografía en dos partes". Junto a los guitarristas, Ramírez interpretó la *Marcha turca* de Mozart, el *Capricho español* de Granados, *Moraima* (*Capricho morisco*) de un tal Espinoza y unas *Variaciones de Jota* del mismo bandurrista.

En un comentario posterior, se afirma:

Muy regular pero selecta concurrencia asistió anoche al concierto que se verificó en el Teatro Nacional. El público batió justicieras palmas al concertista Ramírez y a los artistas Porras y Borges y Farías [el pianista acompañante de la otra parte], quienes interpretaron cada uno de los números del programa con la delicadeza y limpidez que requerían las obras.[58]

Poco más tarde, se encuentra en los esporádicos eventos del Centro Musical, ya comentados, sin que se sepa el repertorio, seguramente de música popular tradicional. Luego, el 19 de marzo de 1930, realiza cuatro grabaciones a dúo con Porras –las primeras que se hicieran de la escuela guitarrística venezolana–, en discos de 78 revoluciones de la casa Victor, que incluyeron sus obras *Flores de la montaña* y *Lolita*, que circularon a partir de 1931. Además, grabaron el golpe tuyero *Sapito Lipón*, anónimo,[*] y *Las palomeras*, valse de Salvador Narciso Llamozas. Estos discos fueron anunciados como "Dúo de Guitarras Grandes",[†] aunque incluyeran acompañamientos de cuatro, que seguramente fue ejecutado por Leoncio Narvarte, quien, como se vio, era cercano a los dos guitarristas.[59]

Una nota de prensa sobre estas grabaciones, en la cual los califican de "exquisitos virtuosos de la guitarra grande", se comentaba:

---

[*] Nada se sabe de esta obra. El historiador Víctor Márquez, especialista en joropo tuyero y en grabaciones discográficas, afirma: "La única referencia que tengo de *Sapito lipón* es que los arpistas, cantadores y bailadoras viejos utilizaban ese nombre para referirse al estilo de los guitarristas tuyeros. Juan Martínez, el joven Calzadilla y el propio Gabriel Rodríguez decían que fulano lo que tocaba era su 'sapito lipón' en la guitarra, para referir un estilo brincado".

[†] Más allá de que en la base de datos de la Discography of American Recordings aparezca que fue un dúo de voces masculinas acompañados por guitarras, las tres grabaciones supervivientes demuestran que fue un dúo solamente instrumental. Disponible en https://adp.library. ucsb.edu/index.php/mastertalent/detail/200968/Borjes_Ral

El señor Edgar J. Anzola, a nombre del Almacén Americano, de esta ciudad, nos ha remitido recientemente un precioso disco criollo Victor, número 30.195, el cual contiene dos piezas: la primera, el magnífico valse *Lolita*, de Raúl Borges, ejecutado en guitarras por su autor y el señor Manuel Leoncio Porras, as (sic) venezolanos de la vihuela [...]. Este disco, que en nada desmerece los honores del aplauso, es, según nos comunica el señor Anzola, perteneciente a una serie del mismo género que ha hecho grabar el Almacén Americano y que constituirá, sin duda, un triunfo artístico y material.[60]

Llegan, entonces, los días de Barrios Mangoré, y más allá de su presencia posterior en uno que otro concierto colectivo en el Ateneo de Caracas –como el que tuvo lugar en marzo de 1935–, sólo se sabe de presentaciones radiales, generalmente acompañado por su inseparable amigo Leoncio Porras.

Su última figuración como intérprete corresponde al trío que formó junto Porras y la guitarrista y cantante popular Soledad Espinal (1892-1978), llamándose Trío Quiquiriquí. Espinal, reconocida mezzo-soprano, había despertado interés a su retorno al país, luego de una larga permanencia en los Estados Unidos, donde frecuentemente se presentó por emisoras de radio con su conjunto de guitarras Los Pamperos. En Nueva York, había grabado algunos discos (incluso al lado del todavía no famoso cantante y actor mexicano Tito Guízar), y curiosamente fue una de las invitadas especiales de las primerísimas pruebas de trasmisiones televisivas, apenas a inicios de la década de los treinta.

La primera reunión de los tres guitarristas, y quizás el origen del circunstancial conjunto, fue una "Velada artística a beneficio de la Cruz Roja", que se ofreció en el Teatro Municipal, acompañados por las maracas de Estatio Crespo, el 9 de junio de 1932, quizás bajo el impulso de las presen-

taciones con Barrios Mangoré, ciertamente la inspiración del nuevo conjunto.

Por muchos meses, la cantante ofreció breves recitales por la emisora Broadcasting Caracas, presentándose sola con su guitarra, acompañada por una orquesta o en su trío con los dos prestigiosos guitarristas clásicos locales. Con ellos aparece en la programación de la emisora entre junio y septiembre de ese año, interpretando valses, canciones, joropos, pasodobles, tangos, boleros y otras formas musicales latinoamericanas. El 2 de octubre ofrecieron un "Concierto especial", formando parte de una programación "en honor de José Ángel Montero en su primer centenario".[61]

La prensa comentó la efímera agrupación:

[...] constituye el famoso "Trío Quiquiriquí" que actúa en la Broadcasting Caracas, con el aplauso de los venezolanos y el elogio muy merecido de los oyentes del Exterior, quienes, conocedores y apreciadores de la labor de la Señorita Espinal, ya que esta cantante nuestra les deleitó en actuaciones norteamericanas, gozan escuchándole.

Este trío ha recibido comprobación del agrado con que es escuchado, no sólo de nuestro Interior, sino del Exterior mismo.

En verdad que estos dos venezolanos, esforzados luchadores por el Arte Patrio son merecedores de tales elogios, como lo sabemos prácticamente todos los venezolanos.[62]

Resulta interesante una disputa pública que se dio a través de las cartas a la redacción del *El Nuevo Diario* de Caracas, llamada "Colaboración espontánea". Se inició cuando una "radiófila" se quejó de la programación de la Broadcasting Caracas, considerando excesivas las emisiones de música popular, incluyendo en su crítica a Soledad Espinal entre otros grupos y cantantes. Esto causó molestia entre sus admiradores, quienes defendieron la presencia "radial" de la "cantante sincera". Uno de ellos la consideraba "si no la mejor, una de las mejores cupletistas del radio venezolano".[63] En otra de las cartas se comentaba con entusiasmo su unión con los dos guitarristas: "[…] también hacen falta las guitarras de Raúl Borges y Porras que hacían una combinación formidable con Soledad Espinal…" Agregando, más adelante: "Un buen maraquero y Raúl Borges con su guitarra (ya que no tiene un buen arpista) para acompañar la música criolla a nuestra artista, la popularísima Soledad Espinal, a quien dejaría sola en los tangos y canciones que hasta ahora, nadie ha podido acompañar tan a la perfección como lo hace ella misma en su guitarra".[64] Lo que, una vez más, fue refutado por otro admirador, dándose término a la polémica.

Un año más tarde, en septiembre de 1933, apareció una foto de los tres músicos en la revista *Billinken*, pero ya no como trío, sino como "distinguidos guitarristas venezolanos", con el siguiente texto:

> Indudablemente Caracas se armoniza de tonos a cuerdas. Hay que decir que hace tiempo, desde que en Caracas, por vía cinemática y en discos, se oyera el Trío Matamoros (conjunto cubano), se organizaron grupos similares, y nacieron también alientos para los canzonetistas. En la foto vemos a tres de nuestros mejores representantes en el manejo de la guitarra y de la canción criolla: Raúl Borges, Soledad Espinal y Manuel Leoncio Porras. Al golpe del magnífico instrumento, muchos han revivido canciones que no oíamos desde que esos compases sentimentales arrullaban los sueños de nuestra niñez.[65]

En realidad, a Borges siempre le interesó la música popular instrumental, ejecutando indistintamente cuatro, mandolina, bandola o guitarra. Estos grupos ocasionales involucraban a otros músicos, con los cuales formó la primera generación de guitarristas académicos venezolanos, como Porras, Teófilo León, Ramón Elías Azerm, Manuel Briceño, además del cuatrista Leoncio Narvarte, y, más tarde, algunos de sus discípulos y amigos más jóvenes como Fredy Reyna, Rafael Carías y Ramón Rotundo. Interpretaban música venezolana, en especial, valses y joropos.* De igual modo, hay referencias a un trío ocasional que formó Borges al lado de Porras y Eduardo Calcaño Sánchez.

Para tener una idea de su gusto musical se puede acudir a un cuaderno titulado "Repertorio de obras para guitarra", que copió e ilustró con esmerada caligrafía. Contiene una combinación de obras escritas para guitarra, y algunos arreglos y trascripciones, en particular de proveniencia romántica:

Adiós a La Alhambra, lamento morisco, de G. de Monasterio; *Seducción*, tango argentino, de G. Moceti (tras. D. Fortea); *Melodía popular* y *El alegre campesino* de R. Schumann; *Adelita*, *Marieta* y *Preludios* 4, 8, 9 y uno no numerado de F. Tárrega; *Meditación* de J. Raff; *Madrigal* de Simonetti; *Cuentos infantiles* 1, 2 y 3 de D. Fortea; *Preludio* 7 y 20 de F. Chopin (arreglos Tárrega); *Minuetto* de F. Sors; *Tres pequeños valses* de F. Schubert (tras. Segovia); *Estudio* 1 de N. Coste; *Sarabande* y *Menuet* 1 y 2 de Händel (versión Segovia); *Minuetto* de L. van Beethoven; *Sarabanda* de la II sonata para violín de J. S. Bach; *Estilo popular argentino* de M. Llobet; *Menuet*, *Gavotte* y *Sarabanda* de J. Kuhnau (tras. Segovia); *Arabia*, danza, de J. Martínez Oyanguren; *Preludio* 4 de A. Scriabin (tras. Segovia); *Wonderful One*, de P. Whiteman (arreglo T. León); *Andante* de J. Haydn (tras. Tárrega); *Dolor*, preludio vasco, de E. de San Sebastián

------

* Juan Padrón conservaba algunos arreglos para dos bandolines, bandola y guitarra, escritos por Teófilo León para uno de estos grupos, que seguramente se perdieron, como tantas otras cosas de esta historia, luego de su muerte, a principios del nuevo siglo.

(tras. M. L. Anido), *Preludio* de R. Riera. Arreglos propios de *Adorables tormentos*, "vals", de Barthelemi y Caruso y *Serenata* de R. Schubert, para tres guitarras.[*] Obras propias: *Ensueños, Melodía, El criollito, Valse venezolano, Preludio, Canción de cuna, Valse sobre motivos franceses, Canción de cuna, Marisol* y *Canción antigua*.

---

[*]   Mantenemos la grafía de Borges, en todas estas obras, considerando que da alguna pista de sus fuentes.

LA CREACIÓN
DE LA CÁTEDRA

Profesores de la Escuela de Música y Declamación. Borges es el tercero atrás desde la derecha, al lado de Soledad Espinal. Foto: Luis Felipe Toro, Caracas, 1933. Colección Biblioteca Nacional de Venezuela.

La guitarra ha mantenido un vínculo profundo con el sentir latinoamericano desde los inicios mismos de la formación social del continente, como lo conocemos en la actualidad. A partir de las vihuelas y guitarras renacentistas que trajeron consigo los conquistadores, pasando por los instrumentos derivados de ellas, construidos en estas tierras y pertenecientes al ámbito de lo popular, la guitarra en su proceso de evolución ha acompañado las más variadas manifestaciones culturales. Así, resultó natural en toda Latinoamérica el temprano nacimiento de escuelas de guitarra clásica, ya de seis órdenes sencillos, desde el siglo XIX.

Como ya se indicó, el éxito de la presencia en Caracas de Agustín Barrios Mangoré, en 1932, favoreció el ingreso de la guitarra a la Escuela de Música y Declamación, que entonces dirigía el tachirense Franco Medina. El país vivía uno de los momentos más esperanzadores de su historia musical. Comenzaba una nueva etapa que desarrollaría vigorosamente los cometidos propuestos por la generación renovadora, conformando un campo musical con toda propiedad. Se moderniza la enseñanza y se crean nuevas cátedras. Se propuso una estética y un repertorio nacionalistas. Asimismo, se emprende la creación de orquesta sinfónica, grupos de cámara, coros y solistas, a la vez que se abren nuevos escenarios, concursos y se emprenden ediciones musicales. Paralelamente, se preocuparon por la preparación y captación de los receptores, es decir, el cultivo del público a través de la crítica musical, y se dio inicio a la reconstrucción y estudio del repertorio colonial venezolano.

Fue así como, conjuntamente, nacieron la Orquesta Sinfónica Venezuela y el Orfeón Lamas, en 1930, liderados también por Sojo, como agrupaciones verdaderamente pioneras. En 1931, Juan Bautista Plaza creó la cátedra de Historia de la Música y al año siguiente, Borges la de guitarra; se formó el Cuarteto Ríos, primer conjunto de cámara profesional de ese siglo en el país, alrededor del violinista Pedro Antonio Ríos Reyna; y se fundó el Ateneo de Caracas, por iniciativa de la compositora María Luisa Escobar. En 1934, Plaza concibió la Sociedad Venezolana de Conciertos, que aunque de muy corta existencia dio origen a futuras asociaciones similares.

Estos objetivos estuvieron profundamente vinculados a la entonces única escuela de música, un conservatorio en la tradición europea, transformada en el centro del movimiento venezolano, también bajo la dirección de Sojo, desde enero de 1936. Según los datos que aporta María Luisa Sánchez en su libro *La enseñanza musical en Caracas*, a partir de 1930 se dio un sostenido aumento del número de alumnos inscritos en la escuela. Su población pasó de 507 a 781, durante el primer año de la década, para alcanzar su máximo en 1934 con 1406 inscritos. El período de 1930 a 1936 es el que cuenta con mayor número de estudiantes de todo el lapso investigado por la autora, de 1888 a 1945.

Reviste especial interés el que la cátedra oficial de guitarra en Venezuela haya sido una de las primeras del mundo en un conservatorio nacional. Pérez Díaz afirma:

Venida a América de España, de donde es el instrumento folklórico por excelencia, encontró en la Argentina tal acogida que se convirtió en el instrumento nacional, siendo Buenos Aires el primer sitio donde entró a formar parte de aquéllos que se estudian en el Conservatorio.

En España, a principios del actual decenio [los treinta], pasó también a esa categoría con el gran guitarrista Regino Sainz de la Maza como profesor. La Revolución Española impidió la continuación de dicha cátedra, la cual podría ya estar dando sus frutos de no encontrar ese inconveniente.

Venezuela es quizás la segunda nación americana donde empezó la "redención" del bellísimo instrumento al ser incorporado a la Escuela de Música.[66]

Sin embargo, esto no es del todo exacto, ya que la cátedra del Conservatorio de Madrid le fue asignada a Sainz de la Maza en 1935,[*] y en la Argentina, a pesar de que ya se enseñaba el instrumento de manera sistemática y con sentido académico desde hacía al menos un siglo, sólo entró en el conservatorio nacional hacia 1940, en manos de María Luisa Anido.[†]

Alejandro Bruzual

---

[*] Es de destacar que se enseñaba guitarra de manera académica en el Liceu de Barcelona, desde los últimos años del siglo XIX, por donde pasaron Domingo Bonet, Miguel Llobet, Josep Ferrer y Joaquim Casanovas, entre otros profesores, lo que refleja la riquísima tradición guitarrística catalana, fundamental en la historia del instrumento.

[†] Difícil asegurar qué sucedió en países distintos de la región, pero en Viena, por ejemplo, la cátedra de la *Musikhocshule* comienza en 1933, con Karl Scheit.

La creación de esta cátedra en la Escuela de Música y Declamación tuvo un proceso algo complicado. En un documento del Ministerio de Instrucción Pública, se puede leer:

Estados Unidos de Venezuela.

Ministerio de Instrucción Pública.

Dirección de Instrucción Superior y Especial.

Caracas, 2 de septiembre de 1932.

Resuelto: Por disposición del ciudadano Presidente de la República, se nombra al ciudadano Raúl Borges, Profesor en la Escuela de Música y Declamación.

Comuníquese y publíquese. Por el ejecutivo Federal.

R. González Rincones.[67]

Al mismo tiempo, gracias a un informe de Medina, en su condición de director de la institución, se sabe que Borges fue designado profesor de la cátedra de "Guitarra Grande", como entonces se llamaba para diferenciarla del cuatro. No obstante, aparece en la nómina como profesor de la cátedra de Arpa,[*] con una asignación de ciento cinco bolívares quincenales. Se ha dicho y escrito, quizás por esto, que la cátedra de Guitarra era adjunta a la de Arpa, pero como se ve fue más una forma de evadir las dificultades del proceso administrativo y burocrático que un hecho concreto. Y bien pudo ser que, como afirmaron más tarde algunos de sus alumnos, la incorporación de la guitarra al prestigioso conservatorio despertara inconformidad en parte del profesorado de la escuela, por considerarlo un instrumento propio de lo popular. Así, el director pudo

---

[*]   Borges figura en algunas ocasiones como miembro del jurado examinador de la cátedra de Arpa.

haberla presentado como una nueva cátedra de Arpa, abriéndosele un período de prueba "académica".

De las siguientes palabras de Antonio Lauro puede inferirse la participación de Sojo en la creación de la cátedra, pues su opinión era ya considerada y muy respetada por todo el medio musical. Así, su favor debió haber sido un sólido apoyo:

> Sojo se empeñó en que se incluyera como instrumento regular la guitarra. Al principio se daba en la cátedra de arpa, porque no había sido aprobado en el presupuesto el sueldo de un profesor de guitarra. Luego vino la oposición de todo el profesorado. Los académicos no aceptaban que entrara un instrumento tan popular y decían: "ahora sí nos embromamos, lo que falta es que en la Escuela de Música se den clases de furruco y maracas". Pero el maestro Sojo que sí sabía el valor del instrumento, su historia y capacidad, se empeñó y al fin lo logró.[68]

Además, muy probablemente, otros influyentes maestros dieran también su apoyo, como Plaza y José Antonio Calcaño, quienes habían escrito numerosos artículos de prensa sobre los conciertos sobre los concertistas visitantes, y serían de los primeros compositores no-guitarristas en componer para el instrumento de concierto.

Otro aspecto no del todo dilucidado es el de un supuesto concurso entre Soledad Espinal y Raúl Borges para escoger al profesor de la cátedra de guitarra. Lauro afirmaba en referencia a esto: "Naturalmente Borges, con su musicalidad, conocimiento, experiencia y dominio del instrumento, ganó por oposición". Pérez Díaz, por su parte, precisaba que "el maestro Sojo llamó a concurso para decidir quién se quedaba con la cátedra, así Borges permanece y la Espinal queda designada al Colegio Chávez como asiento definitivo".[69]

Sin embargo, debe precisarse que hasta que Sojo no fuera director de la Escuela no habría tenido la facultad de convocar a dicho concurso. Además, no pareciera tener mucho sentido este enfrentamiento, ya que administrativamente ambos profesores ocupaban sendas cátedras. En el mismo informe del director, antes citado, en el cual se designa a Borges como profesor de Guitarra, se define el cargo de Espinal como "auxiliar de Canto", lo que podría servir también de un "excusa" para su cátedra de guitarra popular. En la prensa apareció que había sido "nombrada recientemente Profesora de Emisión e Interpretación de Música Popular, en la Escuela de Música y Declamación".[70]

Pérez Díaz, en otro momento, fue más explícito con respecto a los hechos:

> Entra pues, a principios del año treinta y tres la guitarra a la Escuela de Música, "provisionalmente", casi disfrazada con el título de Clase de Arpa y dividida en dos secciones: una de Alta Guitarra con Raúl Borges de maestro y la otra de Guitarra Popular a cargo de la señorita Soledad Espinal. Con una cantidad muy halagüeña de inscritos se da comienzo a las clases y poco a poco se llega a los primeros exámenes... Nadie imaginó que en diez meses podría hacerse lo que se hizo y constituyeron un verdadero triunfo para Raúl Borges. Dichos exámenes fueron en realidad la afirmación de la cátedra de guitarra en nuestra primera Escuela de Arte.
>
> En cuanto a los del curso guiado por la señorita Espinal, merecieron el calificativo de frívolos y lucieron fuera de sitio, quedando designado el Colegio Chávez como asiento definitivo de ese curso.[71]

Del lado de Espinal, una nota de prensa ofrece lo que debió haber sido su versión:

Comienza a dar clases en la Academia de Música, pero se produce un desacuerdo con otros compañeros docentes, y particularmente con Raúl Borges, relevante guitarrista del momento, con respecto a la forma de enseñar a los estudiantes. Según ella, en la enseñanza debía descartarse la rigidez de aprender primero la teoría sin el aliciente espiritual de oírse tocar; teoría y práctica debían ir paralelas. Los maestros caraqueños le daban fundamental importancia a la formación teórica previa. Esto motivó que la profesora Espinal se viera obstaculizada en sus clases, hasta que en 1933, por resolución del ministro de Educación, fue nombrada docente del Colegio Chávez.[72]

Se haya o no realizado dicho concurso, oficialmente se entendió de modo diverso, como puede leerse en un memorándum de Sojo al Ministerio de Instrucción Pública, ya en calidad de director de la Escuela de Música, fechado el 11 de marzo de 1936. En él, afirma que luego de asistir a un examen del curso de la señorita Espinal, en diciembre de 1933, "dichas alumnas hicieron varios ejercicios de gimnasia rítmica y ejecutaron algunas composiciones triviales completamente ajenas al género de música seria que debe enseñarse exclusivamente en este Plantel; en vista de lo cual el jurado se abstuvo de adjudicar calificaciones". Así, el director, que había pasado a ser Ascanio Negretti, pidió al ministerio que "dichas clases fuesen separadas de este plantel, ya que la enseñanza de la señorita Espinal perseguía una finalidad francamente opuesta al plan general de este Instituto y adolecía, por otra parte de innumerables defectos".

En efecto, todavía Espinal mantuvo administrativamente sus dos cargos, pero atendiendo a sus alumnas en la Escuela Chávez. En 1936, Sojo, "considerando por una parte la urgencia del aumento de cátedras de Teoría y Solfeo, y por otra la falsedad de la enseñanza teórica de la señorita Espinal, cuyas clases estaban de hecho desligadas del Instituto", pidió al ministerio que fuera sustituida por Eduardo Plaza y Ascanio Negretti. Reiterando, en tono lapidario: "lo que anteriormente informé a ese despacho, respecto a la inconveniencia de que se dé en esta Escuela una enseñanza cuyos fines son completamente *diferentes* a los que aquí se persiguen".[73]

El final de esta historia puede leerse en otro memorándum, de nuevo firmado por Sojo, del 16 de enero de 1936, a través del cual "se reforma la cátedra de Arpa (simple), a cargo del Profesor Raúl Borges, para convertirla en cátedra de Guitarra a nombre del mismo profesor", quien tenía ya sesenta y cinco alumnos activos.

Las clases se dictaban en el llamado "Palomar", una suerte de buhardilla en los altos de la casa colonial, donde funcionaba la escuela en el centro de la ciudad, al lado de la iglesia de Santa Capilla y en plena avenida Urdaneta. Esta modesta aula ha sido considerada, indistintamente, como una manifestación de la humildad del maestro, o como un indicio del desacuerdo de los otros profesores, opuestos a la incorporación de la guitarra en el conservatorio. Allí se mantuvo la enseñanza del instrumento mientras funcionó la escuela, hoy prácticamente desaparecida por la indolencia gubernamental.

Desde sus inicios, la cátedra atrajo a numerosos estudiantes, que seguramente estaban motivados por los recientes conciertos de Barrios Mangoré. En los primeros exámenes finales, en diciembre de 1933 —entonces, el año escolar comenzaba en enero y finalizaba en diciembre—, se presentaron veintisiete alumnos, divididos en tres grupos, y casi todas mujeres. Entre ellas se encontraba Flaminia Montenegro, quien contaba apenas con once años, y quien obtuvo en su prueba 18 puntos sobre 20. En esos exámenes fueron invitados como jurado Eduardo Calcaño Sánchez y Manuel Leoncio Porras. En otras ocasiones también aparecen en las actas Miguel Ángel Calcaño y hasta Sojo.

Ese diciembre, en un teatro capitalino, Borges presentó a un grupo de sus alumnas, lo que fue comentado por Leoncio Martínez, resultando la primera referencia hemerográfica de la cátedra:

> Un gran maestro de guitarra nuestro, Raúl Borges –compañero inseparable de otro primate (sic), Manuel Leoncio Porras– mantiene una clase admirable en nuestro conservatorio y ha logrado concertar un conjunto –¡maravíllense ustedes!– de treinta guitarras en manos de treinta discípulas suyas. Esas son, probablemente, las muchachas que miro pasar llevando el bético instrumento y que sabrán hacer de él arte y coquetería; la caraqueña antigua resurrecta con sus sueños románticos y sus canciones imperecederas...[74]

Asimismo, el conjunto de "Raúl Borges y sus discípulas" ofreció "números de guitarra" por la Broadcasting Caracas, el 21 de enero de 1933. Poco más se conoce de esta suerte de estudiantina o rondalla, pero quizás haya que tomarla como un puente entre la labor privada de enseñanza del instrumento de Borges, fundamentalmente dirigido a señoritas provenientes de las clases altas y con repertorio popular-tradicional, a su asunción definitiva como docente en la institución musical oficial. De hecho, parece haber sido ellas las que coparon sus clases el primer año de la cátedra. No obstante, rápidamente, tanto el aula como el conjunto se irían transformando, incorporándose alumnos, ya con vocación profesional. Aunque no se conservan referencias de presentaciones públicas, se sabe que "las discípulas" ofrecieron recitales en reuniones privadas, hasta al menos los primeros años de la década de 1940.

En 1934 –el segundo de la cátedra– comenzó sus estudios de guitarra Antonio Lauro, quien desde hacía un par de años estudiaba piano con Salvador N. Llamozas. En los exámenes finales, en diciembre, se presentaron veinte alumnos, entre los cuales aparecen también Rafael Carías y, de nuevo, Montenegro en primer año, ambos con nota de 18 puntos, mientras que Lauro aparece cursando el segundo año, recibiendo la máxima calificación. En efecto, rápidamente, su presencia consolidó la cátedra de Guitarra. Mientras estudiaba con Borges, fue siempre el mejor alumno, demostrando cualidades de intérprete, hasta el punto de convertirse en el primer guitarrista venezolano en ejecutar piezas destacadas del repertorio histórico, entre las que incluía las *Variaciones sobre un tema de Mozart* de Fernando Sor, y una transcripción de la *Chacona* para violín de Johann Sebastian Bach, que seguramente era la versión de Segovia. Poco a poco, se fueron incorporando nuevos alumnos –que conformaron una segunda generación de guitarristas venezolanos, al lado de Lauro y Flaminia Montenegro–, entre los más conocidos: Manuel Enrique Pérez Díaz y Fredy Reyna, en 1935, José Rafael Cisneros en 1940, Antonio Ochoa en 1942 y Rodrigo Riera y Alirio Díaz en 1945.

Los exámenes finales de las diversas cátedras de la escuela se realizaban ante público, en el salón principal de la vieja casa colonial. Y en esos años y desde el primer curso, los alumnos más destacados participaban en los conciertos de clausura de labores de la Escuela. En algunas ocasiones, se presentaban como solistas –como fue el caso de Lauro, Pérez Díaz y, luego, Alirio Díaz y Riera– y otras veces, formaban dúos, tríos o grupos de guitarras, los que interpretaban arreglos realizados por Borges.

Resulta significativo que, tan temprano como en 1934, el discípulo de Miguel Llobet, Domingo Prat, en su reconocido

Antonio Lauro. Foto dedicada a Manuel E. Pérez Díaz, en Caracas, 1936.
Colección Sucesión M.E. Pérez Díaz.

Diccionario de guitarristas, publicado en la Argentina –sin que se sepa cómo llegó esa información hasta el lejano Sur–, afirme de Borges: "[…] se le aprecia en el doble aspecto de notable ejecutante e ilustrado maestro. Su labor de didacta se basa sobre los métodos de Aguado, Carulli y otros, añadiendo sus teorías propias muy dignas de estudio por su originalidad".

De todo el grupo de discípulos destacados de la cátedra, Lauro fue el primero en aprobar los seis cursos obligatorios, en 1938, obteniendo siempre la máxima puntuación en sus exámenes, además de calificación de sobresaliente por unanimidad y mención especial. Sin embargo, el joven no había cursado todavía Historia de la Música, que ya entonces era materia obligatoria. Fue así Flaminia Montenegro la primera en obtener el diploma de Guitarrista, en 1943, significativamente habiendo formado parte de la primera camada de estudiantes de la cátedra. De todos los otros, sólo Riera y Alirio Díaz terminaron sus estudios, e incluso llegaron a cursar un nivel de perfeccionamiento con el mismo maestro, mientras esperaban una beca de estudios para radicarse en Europa, donde profundizaron sus estudios de guitarra al lado de Regino Sainz de la Maza y Andrés Segovia, emprendiendo sus carreras de intérpretes.

En fin, la universalidad que alcanzó la obra para guitarra de Lauro –dedicado a componer casi exclusivamente para el instrumento desde principios de los años cincuenta–, y el desarrollo de la actividad concertística de Riera y Díaz, a partir de 1951, dieron a la cátedra de Raúl Borges, a su escuela, rango y fama internacional.

Exámen de Guitarra.

En la ciudad de Caracas el día ocho de Diciembre de mil novecientos treinta y cinco, se reunieron en el salón de exámenes de la Escuela de Música y Declamación, los suscritos designados por el Director con la aprobación del ciudadano Ministro de Instrucción Pública, para componer el jurado del examen de Guitarra, dictando el jurado el siguiente fallo a los alumnos examinados que se presentaron y que se expresan a continuación:

Año	N°	Alumno	Calificación
Primer año	1	Josefina Artícho	Aprobada
	2	Carmen A. de Calcaño	
	3	Yolanda de Díaz	
	4	Luisa Elena Gómez	
	5	Simón Monascal	Mención especial
	6	María Antonia Yánez	Aprobada.
Segundo año	1	Josefina Ardila	Sobresaliente con 19 puntos
	2	Raúl Angell	" " 20 "
	3	Rafael Carías	" " 19 "
	4	Florinda Franklin	" " 19 "
	5	Alicia Hardy	" " 19 "
	6	Octavio Henríquez	" " 19 "
	7	Flaminia Montenegro (por u.)	" " 20 "
	8	Josefina Marimón (id)	" " 20 "
	9	Héctor Torres	" " 20 "
	10	Federico Reyna	" " 20 "
Tercer año	1	Lola de la Rosa	" " 19 "
	2	Manuel Enrique Pérez	" " 20 "
	3	Antonio Lauro (por unan.)	" " 20 "
Segundo año	11	Josefina Cuervo Codazzi	" " 19 "

Raúl Borges   M. L. Porras

Eduardo Calcaño S.

El Secretario   El Director

Acta de exámenes finales de Guitarra, de 1935. Jurado formado por R. Borges, M. L. Porras y E. Calcaño

EL DOCENTE

La más importante labor en la vida de Raúl Borges fue la docente. Comenzó a impartir clases particulares de guitarra hacia 1910, alcanzando sus primeros logros con María Corina Moreno, como ya se comentó. Desde entonces, se desempeñó como profesor privado, ya que no existía academia alguna para la enseñanza de este instrumento en el país. Aún durante la década del treinta, ofrecía lecciones particulares, que sirvieron para iniciar a músicos como Fredy Reyna y, más tarde, Froila Niño (quien había comenzado como discípula de Soledad Espinal), entre otros menos conocidos.[75]

A partir de la creación de la cátedra de guitarra en la Escuela de Música y Declamación, hoy Escuela Superior de Música José Ángel Lamas, Borges se dedicó por entero a la docencia. En plena comunión con sus alumnos, estableció una relación de amistad con ellos que superaba las finalidades didácticas. Como profesor, consciente de sus limitaciones técnicas como intérprete, propuso a sus discípulos que lo superaran tomándolo de ejemplo contrario a lo que debía hacerse, al menos en lo referente a la mano derecha. No obstante, logró combinar una suerte de sabiduría humanística con acertadas apreciaciones pedagógicas y propiamente guitarrísticas, que sirvieron para catalizar y desarrollar el talento de sus mejores alumnos.

En la nota necrológica, antes citada, se recalca su trabajo como profesor:

El gran maestro de la guitarra ha sido el exponente máximo en la pedagogía venezolana de este difícil instrumento [...]. Humilde, sencillo, amable y generoso, su ejemplar condición humana lo llevó a prestar toda la ayuda solicitada por sus alumnos a quienes les dedicó no solamente sus conocimientos, sino sus mejores desvelos en el servicio a un arte que amó por encima de todas las cosas.

De igual modo, el poeta y crítico musical Israel Peña lo colocaba en un marco mayor del ejercicio docente:

[...] uno de los pocos maestros que han podido considerarse como tales en la historia de nuestra música. Gran guitarrista, gran pedagogo de la guitarra, debió su formación y el prestigio de su nombre sólo a sí mismo. Fue pues, su arte como una flor nacida espontáneamente y que él supo conservar y cultivar con devoción constante [...]. De él parten las generaciones nacionales de guitarristas que hoy dan nombre y realce a la patria. [...] De él nace, pues, como de un manantial impecable y limpio, la corriente irresistible que tiende a imponer en el medio venezolano a la guitarra como un instrumento digno de la ascendencia española que se nos lega desde el primer aliento popular de nuestra música, imponiéndosenos en primer término como un símbolo romántico de la música de ayer y luego como una realidad triunfal en el presente.

La opinión de los discípulos confirma lo entrañable que fue su relación con Borges, quien se convirtió para ellos en una referencia de valores esenciales. Para Lauro, quien había quedado huérfano desde muy pequeño, y de alguna manera encontró en él una primera compensación paternal, "no era sólo el maestro de guitarra, sino el maestro del espíritu, del gusto, de la estética". Por su parte, Reyna afirmaba: "Fue para mí, no un maestro de música, sino un maestro de la cultura". Rafael Paiva, en cambio, destacaba: "Era un curso sumamente interesante, sobre todo por la personalidad del maestro, sencillo, amable, con una paciencia sin límites para la enseñanza. Eran cualidades que lo adornaban de una humildad que se expresaba en todos los actos de su vida". Riera hacía énfasis en el interés humanístico que supo transmitirles: "Él era como un apóstol, daba consejos con un conocimiento general inmenso, hombre culto, realmente culto. A través de Borges conocí a Sócrates, Eurípides, Shakespeare, Ortega y Gasset, Pío Baroja, Unamuno, y muchos otros". Finalmente, Cisneros se enfocaba en la experiencia del grupo:

Junto a Tatiana y Fredy Reyna. Madrid, c. 1963. Colección Sucesión F. Reyna.

Estábamos muy interesados en la música y en la guitarra, con un guía como Raúl Borges, quien nos motivaba siempre a que nos cultiváramos en lo intelectual y en lo humano. Desafortunadamente, era difícil ofrecer recitales, por lo que no adquirimos experiencia como concertistas. Sin embargo, teníamos siempre partituras para interpretar música en conjunto. Nuestra motivación a desarrollar y trabajar el instrumento fue muy mística y cargada de un inmenso amor por la música.[76]

En su enseñanza utilizaba los métodos de guitarra de reconocidos autores como Mateo Carcassi, Ferdinando Carulli, Dionisio Aguado, Fernando Sor, Pascual Roche y Julio Sagreras –según Lazarde, todos sus niveles–, y aprovechaba el escaso repertorio universal que para entonces podía obtenerse en una Venezuela alejada de los centros editoriales. Asimismo, desarrolló ejercicios y recursos mnemotécnicos, y arregló y compuso obras de diversa dificultad para sus discípulos, tanto solistas como de cámara, en particular, tríos y conjuntos de guitarra.

El maestro nunca abandonó sus filiaciones populares. Alternaba sus enseñanzas con no pocas consideraciones sobre la música venezolana. En medio de una clase, sin mayor aviso, dejaba de lado la parte académica y los invitaba a improvisar sobre piezas venezolanas. Se reunían fuera de clase para tocar, e, incluso, más de una vez juntos dieron serenatas. Lauro lo recordaba así:

Era corriente que en vez de la técnica, en vez del trabajo de método, de la disciplina de escalas, muchas veces se nos fuera la clase tocando joropos, tocando valses, que nos maravillaban porque él se conocía todo el repertorio de valses y era un experto en el dominio del folklore venezolano. También conocía el joropo muy bien y nos hacía demostraciones con la misma guitarra.[77]

Con intuición no sólo musical, dejaba fluir el carácter natural de sus nuevos discípulos, sin forzarlos, tratando a cada uno según su sensibilidad y la peculiaridad de sus personalidades.* Se puede recrear el trato que daba a los nuevos alumnos en el primer encuentro que tuvo con Alirio Díaz:

> Me presenté en la Escuela de Música el mismo día que Rodrigo Riera e Ignacio Ramos Silva, otro guitarrista caroreño que estaba en Caracas hacía años –una casualidad pues no estábamos de acuerdo… Apenas llegamos, Borges nos hizo el primer examen para ver cómo estaban las manos, el sonido… –íbamos con unas guitarras sin estuche, con cuerdas de metal, ya que nunca conocimos las cuerdas de tripa en el interior del país. Cada quien tomó su guitarra y le tocamos al maestro algunas cosas muy sencillas, populares. Ya Rodrigo sabía leer música en la guitarra. Yo leía, pero en el saxofón. A él le dijo: "tú tienes la posición de Tárrega", y a mí: "tú tienes la posición de Aguado". En mí observó un defecto en el pulgar, pero con el tiempo vio que podía defenderme así, y más nunca me habló de eso. Nos dio una demostración de la posición de las manos y fue la primera vez que oímos hablar del apoyado.[78]

Con respecto a las primeras indicaciones técnicas, agregó:

> Nos pidió el método de Pascual Roche, que era el que se conocía aquí. Era un magnífico método que absorbía la escuela de Tárrega, pues Roche había sido su discípulo. Aunque tenía todas las limitaciones de esa época, era bastante acertado. Borges ponía siempre de ejemplo a Tárrega, era un "tarreguista" […] Hablaba del sonido apoyado, pero que no fuera metálico –decía– "yema y uña". Buscaba la sensibilidad que había que sentir

---

*   Gracias a la intervención del mandolinista Cristóbal Soto, ubicamos en París al guitarrista francés Ferdinando Gerbasi, quien cursó el tercer año de sus estudios con Borges, en 1957: "Il laissait faire la nature des gens qui ne savaient pas jouer".

en la piel, y no el ataque directo de la uña pura, eso es lo que quería decir. Tenía un bello sonido. Nos pidió que hiciéramos las escalas apoyadas, luego el conocimiento del diapasón de la guitarra, a reconocer el sonido que daba cada cuerda en cada traste, y había que estar seguro, no adivinar. Y lo mismo con los acordes, el desarrollo de los arpegios con *barré* a base del mismo arpegio, desplazando la posición hasta llegar a las más agudas. Eran ejercicios inventados por él. Cambio de posición, saltos, el vibrato (cuidaba mucho el vibrato, que no fuera de manera muy intensa), la posición de la mano izquierda, los ligados, todo lo que era la técnica elemental. El sonido no debía ser áspero, quizás buscando el sonido de Segovia. Explicaba los diversos timbres, metálico, pastoso, etc. Borges tenía esa búsqueda del sonido puro. Ponderaba a Mangoré por su expresividad, lo admiraba, era más pasional que Segovia, más atrevido.

Lo demostraba todo como podía y uno absorbía el detalle. La técnica mía de la guitarra, un setenta por ciento, un ochenta, se lo debo al maestro Borges.[79]

Estas últimas palabras, en boca de un virtuoso como Alirio Díaz, cobran sentido especial si se considera que luego fue uno de los primeros discípulos de relevancia de Andrés Segovia, el guitarrista más importante del siglo, y el mejor discípulo de Regino Sainz de la Maza, según éste afirmó mismo.* No obstante, Díaz siempre recalcó la prioridad que tuvo el maestro caraqueño en su formación, como fue también el caso de Riera: "Todo lo que hago se lo debo a Borges, a él y a Segovia; pero yo ya fui guitarrista a Europa..."

En esta dirección, es relevante lo que sucedió con Manuel Enrique Pérez Díaz, en 1946, cuando realizó estudios de

---

* "Se trata de uno de los mejores discípulos, si no el mejor, que ha pasado por mis aulas. Tiene condiciones excepcionales y es ya más que una gran promesa, una brillante realidad". *El Universal*, Caracas, 20.3.1952.

perfeccionamiento en la Argentina con María Luisa Anido, la gran discípula de Miguel Llobet. La guitarrista, en una carta a su discípulo venezolano, reconoció con generosidad que había llegado a sus manos con una técnica instrumental bastante desarrollada, la que había adquirido con Borges:

En realidad es pura gentileza suya cuando se refiere a mis méritos de maestra. Usted era ya un notable guitarrista de gran dominio técnico y todo el trabajo estaba terminado cuando lo tomé como alumno. Sólo he querido reforzar y ampliar su mecanismo en los puntos que me parecieron más débiles. Con esto quiero decirle, que todo el mérito en este caso es sólo suyo y que... yo me estoy vistiendo como se dice "con las plumas del grajo".[80]

Atento a sus limitaciones, exigía a sus alumnos los principios que atribuía a la escuela de Tárrega, según la entendía desde los días de su estancia europea: "Borges tenía una gran capacidad de observación –afirmaba Riera–, de análisis de las técnicas de los grandes guitarristas para aplicarla a su pedagogía personal". Alirio Díaz ofreció el balance técnico de su maestro:

Borges no fue un virtuoso. Pero yo no diría que el uso del dedo meñique fuera un defecto. Simplemente reflejaba una técnica que estaba todavía en uso durante su juventud. Recuerde que esa técnica fue desarrollada en Italia durante el siglo XVIII. Creo que Carcassi fue su principal exponente. Hay suficientes evidencias en forma de retratos, dibujos, etc. que muestran su uso. Es, incluso, una vieja técnica de laúd y quién sabe si los vihuelistas también la usaron. Pero Borges era un hombre inteligente y estaba enterado de la evolución de la técnica del instrumento. El Maestro vivió en París durante los tardíos años veinte, y allí oyó a Pujol y Segovia [...] Y claro, Mangoré, quien fue su gran amigo. Cada vez que Mangoré visitaba Caracas

no se quedaba en hoteles sino en su casa. Así, Borges tomó muchas lecciones de Barrios y puede imaginarse todo lo que pudo aprender con ese gran hombre. Borges tenía una profunda admiración por Mangoré y siempre nos decía: "¡Qué lástima que ustedes no llegaron a oírlo...! ¡Qué lástima!". El sabía que Mangoré fue el gran maestro de la guitarra *par excellence*.[81]

Díaz, en otra oportunidad, hablando de su enseñanza, agregó:

> No se basaba sólo en la técnica propiamente dicha, sino que miraba al sentido expresivo de la música: al encanto del sonido, a los efectos más poéticos [...] es la técnica que muchos guitarristas venezolanos seguimos teniendo en cuenta y que nos ha servido de fundamento para desarrollar nuestra personalidad, como también es mi caso específico.[82]

Y si la presencia de Borges fue esencial en la vida artística de quienes luego se dedicaron a la interpretación, como Riera y Díaz, fue igual de determinante sobre el trabajo del principal compositor de esa generación y de la historia toda de la guitarra venezolana, Antonio Lauro:

> Al igual que el maestro Sojo, Raúl Borges era de una personalidad, de una venezolanidad muy grande [...] Esa fue la principal influencia que tuvo mi decisión de hacer y de cultivar el género venezolano y, principalmente, el valse,* pues él era uno de sus más adictos cultores... mi querido maestro Raúl Borges.[83]

El guitarrista compositor entendía esta manera de educar como un acto de desprendimiento y generosidad:

> Él comprendió que esa forma no era muy conveniente y enseñó la escuela de Francisco Tárrega que él no practicaba. Es ahí

---

*   Valse: venezolanismo de influencia francesa.

donde está –digo yo– la gran nobleza y el gran mérito de él. Todo el que sabe una cosa trata de enseñarla así como la conoce. Sin embargo, hizo un gran sacrificio: sacrificó su escuela y enseñó la escuela de Tárrega que era mucho más conveniente.[84]

Lauro alcanzó su síntesis creativa por los primeros años cincuenta, cuando logró conciliar en la guitarra los conocimientos adquiridos al lado de sus dos maestros, Borges y Sojo, con quien se había graduado como compositor en 1947, a partir de lo cual se dedicó a escribir casi con exclusividad para el instrumento.

Fue así como le dedicó algunos de sus primeros valses, en particular, *Tatiana* (*Valse número 1* en la edición holandesa) –el más "borgiano" de todos–, como consta en los manuscritos de esta obra; además de su famosa composición el *Valse criollo* o *Natalia*, la cual estuvo primero dedicada a Borges que a su hija, tal y como aparece en la edición de 1952, del Ministerio de Educación Nacional. Otros alumnos también han homenajeado al maestro con sus composiciones: Rodrigo Riera, le dedicó el *Andante en forma de valse* y su conocido *Preludio criollo*; y José Rafael Cisneros, su *Valse en homenaje a Raúl Borges*.

Los discípulos que desarrollaron principalmente actividad docente reconocieron la huella del maestro de manera similar. Montenegro afirmó:

Él fue para todos como un padre. No era un maestro común, era cariñoso, bondadoso [...]. Aunque era autodidacta, [...] cuando enseñaba nos decía "así no se toca, se toca como la escuela de Tárrega", y nos la enseñaba bien [...]. Siempre [he imitado] la escuela de él, y el espíritu de él, más que nada porque nos animaba mucho. Con mis alumnos trato también de animarlos a seguir adelante, a nunca dejar de querer el instrumento. Si hay tropiezos esos se vencen.[85]

Desde la izquierda: Manuel Enrique y Amalia Pérez Díaz, Raúl Borges, Isabel Crema de Padrón y José Rafael Cisneros. Foto: Juan Padrón. Colección Sucesión J. Padrón.

Lauro, además le dedicó la segunda cátedra de guitarra que se creó en el país, en la Escuela de Iniciación Musical, dependiente del Ministerio del Trabajo, ubicada en la Casa de la Cultura Popular de San Martín, en una populosa zona de Caracas, la que luego, trasladada al este de la ciudad, se convertiría en el Conservatorio Nacional de Música Juan José Landaeta. Por su parte, Reyna le dedicó la edición de su primer método de cuatro, en 1957.

Pérez Díaz, resumió el sentir de todos ellos:

Estas promesas y estas esperanzas son la obra constante y tenaz de Raúl Borges, cuyo nombre quedará siempre bien guardado en la memoria de todos los que hemos tenido el honor de llamarnos sus discípulos. Él se merece más que nadie, el cariñoso y respetable título de MAESTRO.[86]

Borges encontró su realización más profunda en la obra y el éxito de sus discípulos. En la misma nota necrológica ya varias veces citada, se afirma:

Condecorado con la Orden Andrés Bello, simultáneamente con su discípulo Alirio Díaz, el maestro tuvo en aquellos instantes de la ceremonia las más generosas palabras para un artista, hechura suya, que el mundo entero laureaba. Los aplausos y los reconocimientos que el mundo artístico dedicó y dedica a sus discípulos fueron –como dijo entonces– "su más interesante y conmovedora experiencia".

Su amigo Clemente Pimentel, quien fue mecenas de Alirio Díaz durante sus estudios caraqueños, al describir su relación con el caroreño, habló del maestro en términos del todo reveladores:

> Así, pude participar con mi alegría y mi optimismo de siempre en la magnífica labor iniciada por su maestro, el profesor Raúl Borges, ese gran señor del sentimiento que tiene una noción precisa de lo bello y lo sutil, y que es uno de nuestros pocos hombres que ha pasado por la soledad del silencio y de la incomprensión sin proferir la más leve queja... Un alma exquisita que se va filtrando inadvertida de la mayoría, porque él en su exagerada modestia, no quiere que lo conozcan...[87]

Así, se mantuvo al frente de su cátedra por casi 30 años, educando prácticamente a todos los guitarristas venezolanos de entonces. Llegó incluso a iniciar a una nueva generación, la tercera, dentro de la que se destacaron primero Rómulo Lazarde (quien estudió al lado de Rafael Díaz y Benjamín Pérez) y, más tarde y sólo por unos meses, Leopoldo Igarza.[*]
En enero de 1960, el entonces ministro de educación Rafael Pizani le otorgó la jubilación del cargo de profesor de guitarra de la Escuela Superior de Música, y le concedió

---

[*]   Igarza también daría clases en la escuela, desde 1976, ocupando la cátedra y la enseñanza de guitarra por más tiempo que ningún otro maestro en la historia del país, ya por 45 años.

el puesto a Manuel Enrique Pérez Díaz. Borges tenía ya 78 años de edad.

Desde la izquierda: Rafael Carías, Roland Petit, Froila Niño, R. Borges, Flaminia Montenegro, A. Díaz, A. Lauro, Freddy Petit y Rafael Paiva. Foto atribuida a Juan Padrón. Colección Sucesión J. Padrón.

EL COMPOSITOR

REPERTORIO
DE
OBRAS
para
GUITARRA

unque ya no es posible definir con exactitud las fechas de las composiciones de Raúl Borges, se puede afirmar con certeza que fue el primer venezolano que se dedicó formalmente a componer para la guitarra de concierto, y quien primero marque el desarrollo de un repertorio para el instrumento en el país.[*] El guitarrista Ricardo Iznaola opina a este respecto:

> Borges es muy importante en el desarrollo de la creación musical aplicada a la guitarra en Venezuela. Esto equivale a lo que hizo Sojo con las melodías tradicionales que recopiló y armonizó. Borges, en su nivel y en su plano, fue el iniciador de la guitarra artística en el país, entroncada con la tradición popular, con la tradición folklórica, lo que dio un resultado como Antonio Lauro.[88]

Es interesante constatar que el folklorista y etnomusicólogo Luis Felipe Ramón y Rivera consideraba los valses de Borges y Lauro como baluartes ejemplares de la música venezolana, y los entendiera en oposición a tendencias ex-

ALEJANDRO BRUZUAL

---

[*]   Con algunas importantes prefiguraciones, como las cuatro obras de Galavís, comentadas en nota anterior.

tranjerizantes y a la "demoledora influencia de una música *standard* de origen norteamericano", como afirmaba todavía a mediados de la década del setenta, circunstancia que tanto preocupó a los músicos de su generación, en particular, a raíz de la llegada de la radio:

> Contra esta influencia luchan denodadamente compositores académicos que sienten la fibra nacional, produciendo, como es el caso de un Raúl Borges o un Antonio Lauro, valses de corte popular. Esta lucha por una expresión nativa prosigue en el presente, y no podemos vaticinar qué sucederá en las décadas finales del presente siglo.[89]

Y al concluir su capítulo sobre el valse venezolano, reafirma la presencia de los guitarristas de la escuela de Borges en "la defensa" de esta música:

> Ante la imposibilidad de ofrecer siquiera un ejemplo de cada región venezolana en donde el vals popular adquirió acento nacional, debemos volver las miradas hacia la corriente académica para constatar que ya en los actuales años, son los guitarristas más notables, como Raúl Borges, Antonio Lauro, Alirio Díaz y Rodrigo Riera, quienes toman en sus manos esta bandera nacionalista para impulsar, ya con sus propias composiciones o con sus transcripciones para aquel instrumento, una nueva fase del desarrollo de esta música, que no puede ni debe morir.[90]

Las primeras obras publicadas por Borges aparecieron en 1952, cuando gracias a Vicente Emilio Sojo se editó el cuaderno *Composiciones para la guitarra por autores venezolanos*, patrocinado por el Ministerio de Educación Nacional, que incluyó además obras de Sojo, Lauro y Pérez Díaz.

Sin embargo, como expresión de su modestia característica, el propio maestro no se consideraba compositor, sino que atribuía a sus trabajos una mera finalidad didáctica, lo que no es evidente en todos ellos. En el preámbulo de la edición de sus *Obras para guitarra*, realizada por iniciativa y bajo la supervisión de Rodrigo Riera en Nueva York,[*] aparece:

> El maestro Borges asegura que él no es compositor. Explica que sus composiciones han sido escritas con el único propósito de utilizarlas en la enseñanza y para así interesar a sus discípulos "en el manejo de los efectos armónicos y otros de la Guitarra". Pero aunque sólo ese haya sido su propósito, los guitarristas de todo el mundo hallarán que las doce piezas ofrecidas en este álbum constituyen una adición deliciosa a la literatura de la guitarra [...]. Él ha querido que este álbum sea dedicado al Maestro Vicente Emilio Sojo, a sus discípulos y a todos los que aman la guitarra.[91]

Y es significativo que esta edición esté dedicada a Sojo, el maestro por excelencia de la música venezolana, quien, a su vez, ya había escrito como homenaje a Borges una obra para guitarra titulada *Endecha*, suerte de retrato musical, digitada por el mismo Sojo según Alirio Díaz.

Iznaola hizo énfasis en "la honestidad artística" del maestro:

> El compositor que crea únicamente para un instrumento a conciencia limita su creación, y el éxito precisamente reside en esa limitación, que dentro del contorno del instrumento para el que la concibe, crea obras de belleza que permanecen en el tiempo, y Borges lo consiguió dentro de los límites que él mismo se impuso. La misma honestidad, la misma integridad, que yo veo en el Borges pedagogo, que dice "hay una técnica superior a la que yo tengo y es la que hay que enseñar", la veo

---

[*] No obstante, a pesar de ser exactamente las obras originales de Borges, en la edición se establece: "Arreglos y adaptaciones de Rodrigo Riera".

también en el Borges compositor: "yo hago lo que sé hacer, lo mejor que puedo hacer, y no pretendo más que eso". Es lo que le da fuerza a su obra.[92]

Se pueden comentar brevemente algunas de sus obras más conocidas. El valse *Vengo a verte* es la primera conocida. Fue dirigida por Pedro Elías Gutiérrez en una versión para banda, en un concierto que ofreció la Banda Marcial de Caracas, en la Plaza Bolívar, al parecer por primera vez el 27 de noviembre de 1913. Posteriormente, se volvió a interpretar, por lo menos, el 4 de diciembre de ese año y el 31 de enero de 1915, en esta última ocasión anunciándose como una composición de René Borges, nombre de uno de sus hermanos. No obstante, en la copia manuscrita que reposa en los archivos de la Escuela Superior de Música, se lee: "Vals por Raúl Borges".

La obra debió conocer diversas versiones, seguramente realizadas por el autor. Una de las cartas dirigidas al maestro por su "enamorada lejana", de 1916, cuenta con una posdata: "Repetidas veces he tocado con bastante placer sus lindas composiciones 'Ave María' y 'Vengo a verte' acompañada en violín...", sin duda, una versión distinta a las dos que actualmente se conocen, la primera escrita para piano, y en cuatro pentagramas, seguramente para uno de sus conjuntos populares, la segunda. Del *Ave María*, al que se hace también referencia en la misiva, no se cuenta con otra referencia, a no ser una pequeña obra de ocho compases que se conserva, acompañando su *El Ángelus*, ambas escritas para guitarra.

Se puede pensar la obra de Borges como la iniciadora de una tradición renovada del valse venezolano en la guitarra solista, entendida como continuación de la tradición del piano del siglo XIX, su vertiente culta, protoacadémica y protonacionalista, cuyos máximos exponentes fueron Raúl Delgado Palacios, Federico Villena y Teresa Carreño, y también cruce con la tradición popular, en conjuntos de variada formación instrumental, pero casi siempre acompañado por guitarra y cuatro. Este género representa una de las manifestaciones musicales nacionales más ricas y propias, precisamente por la amplitud de su registro social, y por la gran cantidad de obras que fueron compuestas, en particular en dicha centuria.

Según relatan compositores, cronistas e historiadores de la música como Calcaño y Ramón y Rivera, a principios de siglo se verificó la decadencia del valse, precisamente, por un exceso de composiciones de este género, muchas producto de manos inexpertas y diletantes, y por el desprestigio de haber servido como medio de adulación política. Sin embargo, en particular con los valses de Lauro, el género cobró un nuevo aire, que interesó al mundo entero, creyendo reconocerse en ellos un contenido venezolano característico.

Borges se sintió particularmente atraído por este género. Como se señaló, se reunía con amigos y discípulos para tocar particularmente valses y joropos, demostrando habilidad y fantasía en sus acompañamientos, y un particular conocimiento del repertorio tradicional. Así, sus primeras composiciones fueron valses de corte popular, y muy posible- mente, algunos de ellos los concluyo años más tarde, incluso respondiendo a la influencia, y quizás ayuda de Lauro.

Según Iznaola:

> El vals de Borges tiene una cosa que es muy peculiar en el vals venezolano, el seudocontrapunto, que no es un contrapunto real, sino algo más bien similar al *estile-brisé* de los laudistas del Barroco, sobre todo el de los franceses, que creaban una sensación contrapuntística rompiendo la textura armónica y creando arpegios no regulares, pero en los que se empezaban

a distinguir líneas, y que fue de gran influencia en la obra de Bach para violín solo y violoncelo.[93]

Existen dos *Valses sobre motivos franceses*, uno titulado *Lola* y otro, sin otro título y dedicado "Al Sr. William F. Coles", quien había sido alumno suyo. Ambos aparentemente escritos durante su permanencia en París. El segundo define su proveniencia no venezolana en el ritmo, y en de carácter más artificioso y menos fluido que el resto de su catálogo.

De *Lola* no se ha encontrado la partitura. Manuel Leoncio Porras tenía una guitarra que llamaba con igual nombre, y dada la estrecha amistad con Borges —y así lo intuía Juan Padrón— esta obra pudo estar dedicada a él. Tampoco se puede precisar si era el mismo valse *Lolita*, que incluyó en sus grabaciones de 1930 junto a Porras, porque tampoco se conoce esa partitura. No obstante, Lauro interpretó una obra con ese título y asignada a su maestro en Castres, Francia, en 1980, en el VIII Encuentro Internacional de la Guitarra, en un recital de música venezolana que además incluyó también el *Valse venezolano* y *Flores de la montaña*, y dos años más tarde, volvió a tocar *Lola* en su concierto en Radio France, en París. Es posible que el ya afamado compositor recordara la obra de sus días de estudiante, porque no apareció tampoco en sus archivos, ni se registra como uno de sus arreglos.

Otros tres valses integran el legado de Borges para la guitarra de concierto: *El criollito*, *Marisol* y *Valse venezolano*. El primero es un sencillo valse tradicional a dos partes, más bien alegres y poco contrastantes. De esta obra se conserva un manuscrito —perteneciente al guitarrista Álvaro Álvarez— con fecha de 1935. Es una obra de grato efecto rítmico que imita el acompañamiento del cuatro, con una sencilla melodía y escrita con una característica armonía popular "calle real", es decir, sobre los acordes de tónica y dominante.

Una anécdota alrededor de esta obra refleja la humildad del maestro y el respeto que sentía por Antonio Lauro. El pintor y guitarrista Ventura Gómez recordaba que Lauro, quien se lo había oído muchas veces al maestro, lo ejecutó un día en clase. Sorprendido Borges, ya que no le había dado nunca la partitura, le pidió que lo tocara de nuevo, y con profunda satisfacción concluyó: "Sí, muy bien, no es así como yo lo tenía, pero lo voy a poner como tú lo haces, que queda mejor".

Desde la izquierda: Alirio Díaz, Clemente Pimentel, Raúl Borges y Regino Sainz de la Maza. Colonia Tovar, c. 1950. Foto: Juan Padrón. Colección Sucesión J. Padrón.

Guitarra
"El Criollito"
Valse Venezolano
por Raul Borges
1935.
Allegro

Para mi inteligente amigo
Alejandro Brozoal, con la admiración
y afecto de Alvaro Alvarez
Caracas 24-5-78

En cuanto a *Marisol*, es un valse dedicado y que lleva el nombre de la hija del guitarrista Ramón Rotundo –hijo de un profesor de la Escuela de Música–, quien solía participar en las reuniones musicales de Borges. Es un característico valse venezolano a dos partes contrastantes, la primera lírica, mientras que la segunda, expansiva y alegre. Tiene muchas similitudes con el *Valse venezolano*, sobre todo en el pasaje de acordes repetidos. Rotundo afirmaba que *Marisol* fue escrito hacia 1947, aunque quizás su versión definitiva haya sido ligeramente posterior, ya que no se incluyó en el cuaderno publicado por Sojo en 1952, y en el cual aparecen obras de menor relevancia.

El simplemente titulado *Valse venezolano* es su obra más elaborada y de mejor factura, y puede considerarse un valse de concierto. Es muy posible que esta composición fuera fruto de su cercana relación con Lauro. No obstante, Riera afirmaba que había sido su primer valse, compuesto en 1923 bajo la influencia de Ramón Delgado Palacios,[94] lo que no resulta del todo convincente. Sin embargo, apoyando esta tesis, Germán Fleitas, cuatrista y cronista de La Victoria, afirma que el maestro le confesó haberlo escrito, junto a *Marisol*, en esa ciudad aragüeña, en ocasión de una visita a su hermano Carlos, quien se hallaba confinado allí por orden del general Gómez, sin que se sepan las razones de esto, pero que pudiera responder a los arrebatos bohemios del capellán del ejército. El cronista precisa, incluso, que fue en una casa situada frente a la Plaza Campo Elías.

Esta es la obra que mejor refleja el oficio de Borges como compositor, en particular por la variedad de sus ritmos y por la cohesión de sus cuatro partes. Rotundo señala que el maestro era muy diestro, precisamente, combinando acompañamientos del valse. Mientras que Alirio Díaz afirmaba que cuando Sojo lo oyó por primera vez, seguramente en sus manos de intérprete, afirmó que era una recreación de los típicos valses venezolanos para piano a cuatro manos. Su primera parte funciona como introducción, homofónica y lenta, que define claramente la tonalidad de La menor, aunque en las otras secciones predomine su relativo mayor. Este

comienzo presenta de manera sencilla el ritmo característico del valse venezolano: negra con puntillo, corchea y negra.

En la segunda sección, más rápida y alegre, incorpora movimientos independientes del bajo y la melodía, con acentos desplazados muy propios del género, y un acompañamiento que recuerda los valses venezolanos para piano del siglo XIX. La tercera parte es más bien nostálgica, utilizando una borgiana sucesión de acordes –equivalentes a los de *El criollito* y *Marisol*–, con el ritmo propio del valse venezolano en los bajos. La última ofrece sensación de final, con vitalidad y expresión extrovertida, imitando los rasgueados del cuatro. Aquí aparece la determinante superposición de ritmos 6x8 y 3x4, las hemiolas y el desplazamiento de acentos y síncopas. El valse repite *da capo* concluyendo con una cadencia auténtica en Do mayor.

Quedaría por citar el valse *Flores de la montaña*, que el compositor tampoco llegó a escribir, pero que fue incluido en uno de sus discos de 1930, como ya se comentó. Luego de la muerte del maestro, Lauro realizó un arreglo de esta obra, fechado en agosto de 1976, armonizando la melodía. Según parece, desconocía la grabación realizada por su maestro:

> En *Flores de la montaña* hay un verdadero espíritu venezolano del valse. Encontré sólo una línea melódica y la armonicé para guitarra, y como yo me precio de haberlo conocido –no a la persona como amigo, sino al músico, de haberlo comprendido muy bien–, entonces decidí hacerlo en el estilo auténtico, como lo hubiera escrito Raúl Borges.

Sueño de opio y *Fuente morisca* fueron obras escritas, con toda certeza, durante su estancia en Europa en 1926, ya que ambas están relacionadas al motivo de su inspiración señalado en los títulos. La primera recrea su experiencia en París con el alucinógeno. La obra, una fantasía, presenta una melodía en la tesitura grave del instrumento, utilizando los bajos de la quinta y sexta cuerdas al aire como pedales. Otra característica es el uso del rasgueado con acordes abiertos y varias cuerdas también como pedal, causando un efecto de reminiscencias orientales producto de los armónicos que esto genera. Alirio Díaz precisaba que era una de las piezas que más frecuentemente interpretaba el mismo Borges. Aunque en su edición en Nueva York no aparece indicación alguna, en una copia manuscrita del compositor aparece lo que pudo ser una dedicatoria ocasional "Al Dr. Juan Padrón".

En relación a *Fuente morisca*, Díaz afirmaba que "el maestro sentía una gran pasión por la civilización árabe. Decía que creía haber sido árabe en otra vida".[95] Y se tiene el relato que de esta obra le hiciera el autor a su discípulo Rafael Paiva:

Él me refirió que estuvo en el palacio de La Alhambra de Granada y que cuando vio las fuentes, ideó una pieza basada en ellas. Me explicó cómo estaban formadas: eran vasijas de barro de diferente forma y tamaño, así que las gotas que caían de los surtidores producían una especie de melodía. Al llegar a ese sitio se oye una música que no se sabe de dónde sale, y es el tintineo de los distintos envases que producen una melodía. Estaba hecho con gran sentido artístico por los árabes, por los moros.

Borges en La Alhambra, Granada, 1927. Foto: María A. de Borges.

Al igual que *Recuerdos de La Alhambra* de Francisco Tárrega, la composición de Borges es un trémolo expresivo, que si se acepta la referencia ofrecida por Paiva, la primera nota de cada cuatrillo (el bajo) podría emular el caer de las gotas de agua, mientras que las tres notas repetidas del trémolo describirían los arabescos arquitectónicos del lugar. Esta fue la obra que interpretó Barrios Mangoré en su primera visita al país, en 1932, y que también ejecutó a dúo con Borges en diversas oportunidades. No se conserva este último arreglo, aunque pudo ser que el paraguayo improvisara su parte sobre la interpretación del compositor.

Otro género que se repite en su catálogo es la canción de cuna, llegando a publicar dos de ellas. La primera, en Re mayor, estaba dedicada a Froila Niño de Pacannis. Es una de sus obras más delicadas, y en la cual utiliza profusión de armónicos y una melodía muy sencilla que recrea la atmósfera infantil. La otra, en Sol mayor, utiliza recursos similares, pero resulta menos interesante. Publicada en la edición de Sojo sin dedicatoria, en la edición de Nueva York aparece: "A René Borges Villegas y Sra. Nelly Zinng de Borges Villegas", su sobrino y la esposa de éste.

Las obras de carácter pedagógico presentan cierta regularidad en el figuraje rítmico. La breve *Canción antigua*, de apenas 16 compases, recuerda las viejas canciones románticas venezolanas, con su peculiar quintillo de adorno que imita la ejecución de los guitarristas populares. No es el ritmo ni la tonalidad –su preferido Re menor– lo que la caracteriza, sino más bien el carácter reposado y austero de su expresión, con una armonización en forma coral.

El *Estudio* es otra pieza sencilla, con alguna semejanza con los estudios románticos de la guitarra, llevando la melodía casi siempre en blancas o negras, y el acompañamiento en corcheas, aunque brevemente se invierten los valores. La *Melodía*, por su parte, es un poco más compleja en cuanto a su movimiento rítmico y más interesante en su elaboración, con cierto espíritu español. Finalmente, el *Preludio* es la más interesante y la de mayor riqueza armónica de las cuatro piezas aquí comentadas. Tiene el habitual carácter de improvisación de los preludios.

ASPECTOS
DE SU PERSONALIDAD

El Borges grabado en el recuerdo de sus discípulos y amigos era un ser bondadoso y afable, de buen humor y alegre, pero más bien callado. Alirio Díaz lo definía así:

Borges era la flor de la sencillez. Era un hombre que daba lo que tenía, era muy generoso. Enseñaba todo lo que sabía. Era muy culto, pero muy introvertido [...] Sentía un gran amor por la poesía, en especial la de Rubén Darío, recitaba sus sonetos de memoria. Incluso me dedicó unas décimas cuando me fui para Europa. Tenía una cierta facilidad para la improvisación poética, ese don de la palabra, de la imagen, de la metáfora.[96]

Su sobrino, por su parte, recalcaba:

Era de una modestia absoluta, pero sin beatería, un hombre que uno respetaba profundamente por su carácter, su personalidad. Era una de esas personas que se imponen por su calidad, por su nobleza intrínseca, pero sin aparatos, sin pretensión, de una sencillez total, abierto a todo el mundo... una sonrisa, una cordialidad con todos.

Su amiga y discípula Mercedes Rivas recordaba lo duro que podía ser el maestro consigo mismo, capaz de una autocrítica que lo hacía sentirse no merecedor de la admiración y el cariño que le profesaban.

Él decía: "Tú no me conoces, yo soy terrible, ustedes están engañados conmigo". Pero yo me imagino, con la experiencia de la vida, que como cualquier hombre normal tendría sus pasiones y sus malos pensamientos, no digamos sexuales, sino en general, lo normal de la vida. Pero si era así, él lo superaba. Era de una nobleza, de una altura espiritual extraordinaria, sin mezquindad, sin ninguna rivalidad, de una generosidad absoluta.

Borges sentía particular curiosidad por las experiencias parapsicológicas, que siempre lo maravillaron y sorprendieron. De los días de París proviene la referencia más temprana que se tenga de este interés. Recordaba Paiva una anécdota que le había contado, con admiración y no poca sorpresa:

Estando en París, el maestro fue a presenciar unas demostraciones magnéticas, y trató de interrumpirlas mentalmente. El artista, que estaba en escena, volteaba nervioso, viendo hacia el público, hacia los lados, mientras el maestro seguía enviándole mensajes. Entonces se bajó del escenario y se acercó directamente hasta la fila en donde estaba Borges, diciéndole en francés: "Tenga la bondad de dejarme trabajar tranquilo".

Borges Villegas, quien desde muy pequeño mostró poseer cualidades de éstas, en particular poderes telekinéticos, recordaba la atención que prestaba su tío:

A mi tío le encantaba lo sobrenatural. Le gustaba más que nada, más que la música misma. Era un apasionado de esas cosas: mover objetos con la mente, dormir a una persona, ponerla en estado cataléptico... La última vez que yo realicé algo de este tipo fue con él. Vino a mi casa a que le diera unos pases magnéticos, porque no se sentía bien. Y efectivamente se mejoró de unos dolores que sufría.

Según agregaba, el maestro había realizado viajes astrales y comunicaciones extrasensoriales. Con cierta frecuencia, se reunía con amigos para realizar y hasta conducir sesiones espiritistas a través de un médium. Incluso, llegó a invitar a estas reuniones a algunos de sus alumnos más cercanos.

En realidad, lo atraía el sentido mágico, verificar los poderes de la intuición y la sensibilidad que rebasaban los terrenos de la razón. Comentaba, como ejemplo, lo aparentemente arbitrario que eran los vínculos entre las personas, "la simpatía –solía decir–, nadie sabe lo que es la simpatía entre la gente".[97] Sin embargo, esto no estuvo ligado a ninguna suerte de religiosidad, a pesar de venir de una familia sumamente apegada a la Iglesia. Sólo al final de su vida, y por intermediación de Mercedes Rivas, restableció sus vínculos con el cristianismo.

Discutíamos sobre el espiritismo, porque está prohibido por la iglesia. Él estaba apartado de los sacramentos y muy metido en este mundo, sin embargo tenía inquietudes espirituales. Llegó un momento en que me expresó una angustia, no estaba en paz espiritualmente. Estaba bastante enfermo y se sentía mal. Entonces me pidió que le consiguiera un sacerdote. Estuvieron encerrados como dos horas. Cuando salió, el maestro Borges, bañado en sudor, me abrazó llorando como un niño. "Tú no sabes lo que has hecho por mí" –me dijo–. Había renovado su creencia.

SUS ÚLTIMOS AÑOS

Kallir
2. XII. 49

Luego de la muerte de su esposa, y ya jubilado, Raúl Borges tuvo que realizar diversas mudanzas de casa que ocasionaron la pérdida de muchas de sus posesiones, entre otras, partituras originales de Mangoré, correspondencia entre el general Mariano Montilla –antepasado suyo– y Simón Bolívar e, incluso, muebles originales del Libertador. Primero se fue a una pensión en la urbanización El Paraíso, pero su sobrino José Antonio Borges Villegas, quien residía en Madrid junto a su familia, lo invitó a vivir con ellos en la capital española. Allí permaneció por año y medio, al principio de los sesenta, donde se encontró con su discípulo Fredy Reyna. A su regreso al país, dada una gran pasión por el mar, se residenció un tiempo en Macuto, en el Litoral Central. Finalmente, de nuevo en Caracas, volvió a vivió con sus sobrinos, pero exigiendo como condición inapelable que le dieran la parte de servicio de la casa. Allí pasó el resto de sus días.

Sus discípulos y algunos amigos lo visitaban casi a diario, y con frecuencia retomaban guitarras y tocaban juntos, como durante tantos años lo habían hecho. El maestro estaba consciente de la labor cumplida, al ver cómo la escuela venezolana había alcanzado fama y renombre mundial. Tenía discípulos que eran intérpretes internacionales de la talla de Alirio Díaz y Rodrigo Riera; compositores de la universalidad de Antonio Lauro; dejaba docentes de clara convicción y conocimiento, que multiplicaban sus enseñanzas, como Manuel Enrique Pérez Díaz, Flaminia Montenegro de De Sola, José Rafael Cisneros y Antonio Ochoa. Otros se habían dedicado al mundo popular, como Rafael Carías, incluso Fredy Reyna, quien desarrollo una destacada y pionera carrera con el cuatro solista de concierto. Al lado de todos ellos, llegó a la vejez con pena consciencia de que el futuro de la guitarra venezolana estaba asegurado.

Debido a su avanzada edad, sufrió afecciones estomacales, una úlcera sangrante que obligó su hospitalización. Durante su gravedad, tuvo visiones y hablaba con familiares ya fallecidos. Luego de unos cinco días, el pulso le fue bajando muy lentamente hasta que murió, sin agonía, el 24 de junio de 1967. Lo acompañaba en ese momento quien fuera su primera alumna de relevancia en la Escuela de Música, Flaminia Montenegro de De Sola. Fue enterrado en Caracas, en el Cementerio del Sur.

Una de las últimas fotografías del maestro Raúl Borges,
y su instrumento inseparable, la guitarra.

Alejandro Bruzual

EL TRÍO RAÚL BORGES

Trío Raúl Borges: Flaminia Montenegro, Antonio Ochoa y Antonio Lauro. Caracas, 1969.

E l homenaje más significativo que ha recibido Raúl Borges, luego de su muerte, ha sido el trío de guitarra que llevó su nombre. El maestro compuso y realizó múltiples arreglos para grupos de guitarra con intenciones didácticas, tanto para motivar el ejercicio de la música de cámara, como para practicar la lectura a primera vista. En las presentaciones al público, que se realizaban al terminar el ejercicio anual de la Escuela de Música, sus alumnos interpretaron algunos de estos arreglos.

Desde muy temprano, Antonio Lauro se propuso crear un conjunto de guitarras. Durante la experiencia con su trío popular llamado Cantores del Trópico, junto a Manuel Enrique Pérez Díaz y Marco Tulio Maristany, desde 1935 e incluso durante su gira latinoamericana de casi dos años, ejecutaron en algunas oportunidades a trío de guitarras, el *Andante cantabile* de la *Sonata Nº 7*, para piano, de Mozart, con arreglo del propio Lauro. Partiendo de esto, mientras los Cantores realizaban sus últimos conciertos y grababan unos pocos discos, en 1942, Lauro y Pérez Díaz se unieron a su compañera de estudios Flaminia Montenegro para formar el Trío Clásico de Guitarra. Era el primero formalmente establecido, teniendo como precedente el trío ocasional de Borges con Porras y Barrios Mangoré. Ensayaban en la Escuela de Música bajo la asesoría del mismo maestro, y la ocasional presencia de Sojo.

Ya que casi no conocían literatura para tres guitarras –en realidad muy escasa en el repertorio histórico–, Lauro sumó nuevos arreglos a los realizados por Borges, y comenzó su breve pero fundamental catálogo para trío de guitarra, con obras venezolanas y europeas de diversas épocas y estilos. Así, el 17 de noviembre de 1942, luego de diversas audiciones radiales y privadas, se presentaron en el Teatro Municipal de Caracas en lo que debió constituir su debut público, obteniendo una entusiasta crítica. Poco más tarde, ofrecieron otro recital en el Ateneo de Maracay, el 20 de febrero del año siguiente. Estuvieron juntos casi seis meses, pero no llegaron a consolidarse ya que Lauro, quien fungía como primera guitarra y director del grupo, deseaba dedicarse por entero a sus estudios de composición.

Un nuevo intento que tampoco llegó a estabilizarse ni a alcanzar mayor trascendencia se formó hacia principios de 1954, reuniendo a Lauro, José Rafael Cisneros y José Luis Castaños, un guitarrista español para entonces residenciado en Venezuela, quien había sido discípulo de Regino Sainz de la Maza. Ya bajo el nombre de Trío Raúl Borges, se presentaron fundamentalmente en la Radio Nacional y en algunos liceos de la capital, durante unos pocos meses.

Fue, entonces, en 1969, cuando surgió la agrupación definitiva bajo el patrocinio de la Universidad Central de Venezuela. En esa oportunidad quedó conformado por Lauro, Antonio Ochoa y Flaminia Montenegro de De Sola. Su primer concierto público tuvo lugar en la misma universidad, el 25 agosto de 1969, en el Auditorio de la Facultad de Farmacia, como clausura del IV Curso y Concurso Internacional de Guitarra, dictado por Alirio Díaz. El programa incluyó piezas de Borges y Teófilo León, así como de Bach, Frescobaldi, Rameau, Mozart, Boccherini, Mussorgsky y Albéniz.

Este trío realizó numerosos conciertos en Caracas y en el interior del país, a lo largo de cuatro años. Progresivamente, Lauro emprendía realizaba nuevos arreglos y rescataba otros de su maestro, ya fallecido. Además, se presentaron en Ciudad Bolívar, Barquisimeto, Valencia y en el Zulia, así como realizaron programas para radio y televisión. Grabaron dos discos de larga duración. El texto que acompaña el primer disco reafirma el deseo expreso de homenajear a su maestro y el gran respeto y cariño que aún le profesaban:

> De todas las obras de Raúl Borges, la más importante fue la enseñanza: a ella dedicó la mayor parte de su vida, consagrando momentos que para otros eran de descanso, a la conducción y formación de la venezolanidad y al conocimiento de aquellos Maestros que podían dejar en sus alumnos el más elevado concepto del Arte Musical.
>
> Forman parte de este empeño muchas transcripciones de las cuales escogimos algunas, como Pisador, Kuhnau y el Padre Martini, para dar una idea de la exquisita sencillez conque Raúl Borges despertó en sus alumnos una mística que permanecerá indeleble.
>
> Los que fueron sus alumnos gozarán con el recuerdo de aquellas agradables reuniones que aprovechaba Borges para dar los primeros pasos en la lectura a "primera vista".
>
> Mozart, Guadalajara y Delgado Palacios son transcripciones de Antonio Lauro. La Canción y la Bolera son originales para guitarra, esta última escrita para el Trío.
>
> Nos complace y honra el haber logrado que el Maestro Teófilo León escribiera para el Trío Raúl Borges la hermosa "Urquía" que forma parte de esta grabación.

El vals "Gentileza" está ejecutado con Requinto en Fa y dos guitarras.

Sirva este disco como homenaje a nuestro querido Maestro y como ejemplo para aquellos que entran en el camino de la Guitarra, señalando una de las muchas posibilidades que se pueden desarrollar con este magnífico instrumento.

Unos apuntes de Antonio Lauro, de 1972, dan una idea de la magnitud e importancia del repertorio del Trío Raúl Borges, en el cual aparecen trabajos del maestro y de su discípulo en proporciones equivalentes. Aunque no todo se conserva, se señalan unos 76 ítems, a los cuales habría que agregar trece obras citadas en un manuscrito aparte, algunas más de un álbum del propio Borges, y por lo menos diez conocidas por otras referencias, como programas y otros cuadernos. Es decir, el repertorio total debió superar el centenar de piezas. De ellas, nueve son originales de Lauro, de las cuales se conservan siete, y cuarenta y cinco arreglos, mientras que cinco originales y cuarenta y cinco arreglos son de Borges, aunque algunos no indican expresamente su arreglista. Finalmente, hay unas pocas de otros autores, entre las más importante *Urquía*, de Teófilo León.

El trío llegó a su fin cuando Flaminia Montenegro de De Sola se enfermó, en 1974. No obstante su breve existencia, hay que considerar que a partir de sus antecedentes, y dada la participación de Lauro y la importancia que su obra le confería al grupo, constituyeron el primer trío de guitarra de verdadera relevancia del siglo XX.

Más tarde, Lauro repitió la experiencia con algunos de sus alumnos, haciéndolos estudiar obras del trío original. Pero fue sólo en 1985 cuando se logró la creación del Nuevo Trío Raúl Borges, que estuvo formado, inicialmente, por dos alumnos suyos de guitarra, Armando Cisneros y Franque Martínez, junto a Lorenzo Camejo, discípulo de Antonio Ochoa. Su primera presentación pública se realizó en la Sala José Félix Ribas, del Complejo Cultural Teresa Carreño de Caracas, en un evento realizado en homenaje a Antonio Lauro, el primero de diciembre de 1985. Este grupo grabó un disco de larga duración, en 1987, que incluyó exclusivamente obras del repertorio del trío de Lauro, recalcando su condición de heredero del "viejo" trío. En 1988, tuvieron un primer cambio de integrantes, manteniendo su nombre. Martínez fue sustituido por otro alumno de Lauro, José Luis Presa; y, en 1991, Cisneros por Alberto Espinoza, quien había estudiado con José Rafael Cisneros, sosteniendo la presencia en el conjunto de discípulos de los antiguos miembros del trío: Lauro, Ochoa, Cisneros.

ANEXO:
CATÁLOGO DE ALGUNAS
DE SUS OBRAS

ORIGINALES PARA GUITARRA

Adiós / guit y voz / texto R. B. / CCVG 1998, vol V.

Berceuse.

Canción de cuna / 3 guit.

Danza [distinta a la escrita para solista].

Canción antigua / ME 1952, Morro 1964 y CCVG 1998, vol. V.

Canción de cuna / en Re.

Canción de cuna [Re mayor] / A la Sra. Froila Niño de Pacanins /
    ME 1952, Morro 1964 y CCVG 1998, vol. V.

Canción de cuna [Sol mayor] / A René Borges Villegas y Sra. Ne-
    lly Zinc de Borges Villegas / Morro 1964 y CCVG 1998,
    vol. V.

Danza / 4 guit / 3 guit CCVG 1998, vol. V.

Danza incaica.

Danza india / Temas originales incaicos / 3 guit.

Danza ingenua / CCVG 1998, vol. V.

El Ángelus (barcarola) *y Lento* (Ave María).

El Ángelus y danza / 3 guit.

El criollito / valse / 1935 / Morro 1964, CCVG 1998, vol. V / existe versión para 3 guit.

Ensueños.

Estudio / ME 1952, Morro 1964 y CCVG 1998, vol. V.

Estudio en Re / trémolo.

Estudio impromptu / Casa Núñez.[*]

Flores de la montaña / valse / arm de Antonio Lauro, agosto de 1976 (C 2002).

Fuente morisca / trémolo / Morro 1964 y CCVG 1998, vol. V.

Lola / valse / perdida.

Lolita "Valse sobre motivos franceses" / perdida.

Marisol / valse venezolano / Morro 1964, CCVG 1998, vol. V / existe versión para 4 guit.

Melodía / ME 1952, Morro 1964 y CCVG 1998, vol. V

Melodía, A mi distinguida e inteligente discípula señorita Josefina Marimón / CCVG 1998, vol. V

Preludio / Adagio amoroso / CCVG 1998, vol. V.

Preludio / Morro 1964 y CCVG 1998, vol. V.

Romanza / Casa Núñez.[†]

Sueño de opio / Fantasía sobre un tema de Jervis-Scalisi / Al Dr. Juan Padrón / Morro 1964 y CCVG 1998, vol. V.

Tristezas / preludio / *Valse sobre motivos franceses* / Al Sr. William F. Coles / Morro 1964 y CCVG 1998, vol. V.

Valse venezolano / ME 1952, Morro 1964 y CCVG 1998, vol. V / existe versión para 3 guit.

Vengo a verte / valse concertante / 2 guit.

---

[*]   La existencia de esta obra se conoce sólo por Herrera.

[†]   Idem.

C: Caroní Music, Arcangues, Francia, al cuidado de Alirio Díaz.

CCVG: *Colección de compositores venezolanos para guitarra.* Fundación Vicente Emilio Sojo, Caracas, al cuidado de Alejandro Bruzual.

ME: Ministerio de Educación, Caracas, al cuidado de Vicente Emilio Sojo.

Morro: Morro Music Corp., Nueva York, al cuidado de Rodrigo Riera

ORIGINALES PARA OTROS INSTRUMENTOS

Julia / mandolina (?) y dos guitarras.

Valse venezolano [en Mi menor] / para mandolina.

Vengo a verte / vals venezolano / para piano y otros dos instrumentos / existe versión para piano solo.

Ven y ven / para piano.

ARREGLOS Y TRANSCRIPCIONES PARA GUITARRA

Adiós a Bogotá / danza / L. A. Calvo / 3 guit.

Adorables tormentos / Vals / Barthelemi y Caruso / "Arreglo de R. Borges",

Air / G. F. Haendel / 3 guit.

Canción alemana / "Transcripción Raúl Borges" .

Canta un pescador / M. L. Escobar. 3 guit .

Canto pastoril / "Arreglo R. Borges".

Contradanza / "colonial".

Courrante / G. Frescobaldi / 3 guit.

Danza Nº 5 / E. Granados / 3 guit.

El adiós de las gaviotas / A. Brandt / 3 guit.

Elegía / J. Massenet.

Fuga (a la "imitation du cornet du Postillón") / J. S. Bach. / 3 guit.

Gavota / [?] Martin / 3 guit.

Gavota, Sarabanda y *Minueto*/ J. Kuhnau / 3 guit.

Goyescas / Granados / 3 guit.

Intermezzo Nº 1/ L. A. Calvo.

Julia / valse / M. Marrero / 3 guit.

La ronda de los sueños / J. Ph. Rameau / 3 guit.

La rueda / M. Moleiro / 3 guit.

Marcha fúnebre de una marioneta / Ch. Gounod / 3 guit .

Menuet (D dur Symphonie) / J. Haydn / 3 guit.

Menuet / L. Boccherini / 3 guit.

Menuet (*Castor et Pollux*) / J. Ph. Rameau / 3 guit.

Minueto de sinfonía (Sol menor) / W. A. Mozart / 3 guit.

Minueto del gallo (Sonata Nº 5, op. 82) / I. Albéniz / 3 guit.

Minueto I y II [La menor] / G. F. Haendel / 3 guit.

Minueto I y II [Re mayor y Re menor] / G. F. Haendel.

Minuetos I y III/ G. F. Haendel / 3 guit.

Ossian, op. 4 / L. M. Gottschalk / "transcripción de Raúl Borges".

Pavana / W. Byrd / 3 guit.

Pavana y *Capricho* / I. Albéniz / 3 guit.

Pavana y *Villanesca* / D. Pisador /3 guit.

Pensando en ti / valse / P. Larrazábal / 3 guit.

Puerta de tierra / bolero / I. Albéniz / 3 guit.

Romanza del concierto para piano Nº 20, en Re menor / W. A. Mozart / 3 guit.

Rosita / M. Briceño A. / valse.

Sarabanda y *Bourré* / G. F. Haendel / 3 guit.

Schotisch ("*Los descamisados*") / F. Chueca / 3 guit.

Serenata de amor / F. von Blon / 3 guit.

Serenata / F. Schubert / 3 guit.

Sufrir y callar / valse / R. A. Caraballo / "arreglo R. B."

Tango / I. Albéniz / 3 guit.

Tempo di ballo / D. Scarlatti / 3 guit.

Valse/ M. Marrero / 4 guit.

Vidalita / anónimo.

Zarabanda / Couperin / 3 guit.

Zortzico / I. Albéniz / 3 guit.

NOTAS

1. Lo entrecomillado se encuentra textualmente en la fuente.
2. La gran mayoría no indica la definición de su trabajo.
3. Se mantiene la grafía original de los títulos.

FUENTES

Archivo de la Escuela de Música José Ángel Lamas, Caracas.

Bendahan, Daniel. *Siete músicos venezolanos*. Caracas: Cuadernos Lagoven, 1990.

Bracamonte Benedic, José Roberto. *Mangoré, el maestro que conocí*. San Salvador, El Salvador: Fundación Escalón de Núñez, 1995.

Bruzual, Alejandro. *Antonio Lauro, un músico total*. Caracas: SIDOR, 1995.

---. *Rodrigo Riera: La parábola de la tierra*. Caracas: Farmatodo, 1998.

---. *Fredy Reyna. Ensayo biográfico*. 2da ed. Caracas: Alterlibris, 1999.

---. *Alirio Díaz. Ensayo biográfico*. Caracas: Comala.com, 2001[a].

---. *Manuel Enrique Pérez Díaz. Ensayo biográfico*. Valencia: Universidad de Carabobo, 2001[b].

---. *Visitantes de la guitarra. Un siglo de concertistas extranjeros en Venezuela*. Caracas: Centro de Arte La Estancia, 2008.

---. *La guitarra en Venezuela. Desde sus orígenes hasta nuestros días*. Caracas: Banco Central de Venezuela, 2013.

---. "Apostillas al final de una disputa: La guitarra en Venezuela en el siglo XIX". *Revista Musicaenclave* (Sociedad Venezolana de Musicología, mayo-agosto 2019): s.p.

Calcaño, José Antonio. *Contribución al estudio de la Música en Venezuela*. Caracas: Asociación de Escritores de Venezuela-Editorial Élite, 1939.

---. *La ciudad y su música*. Caracas: Conservatorio Teresa Carreño, 1958.

Calzavara, Alberto. *Trayectoria cincuentenaria de la Orquesta Sinfónica de Venezuela*. Caracas: Gobernación del Distrito Federal, 1980.

---. *Historia de la música en Venezuela*. Caracas: Fundación Pampero, 1987.

Comerlati, Mara. "Soledad Espinal: 'la cantante sueño'". *El Nacional*. Caracas, 24.1.1978.

Da Antonio, Francisco. "Antonio Edmundo Monsanto o un 'ex-pintor'". 160-3. *Textos sobre arte*. Caracas: Monte-Ávila, 1980.

De la Plaza, Ramón. *Ensayos sobre el Arte en Venezuela*. Caracas, 1883.

Díaz, Alirio. "'Ensayos sobre el arte en Venezuela' de Ramón de la Plaza. Aspectos positivos de esta obra". *Cultura universitaria* 93. Caracas (Universidad Central de Venezuela, octubre-diciembre, 1966):33-42.

---. *Música en la vida y lucha del pueblo venezolano*. Caracas: Ediciones de la Presidencia de la República. Instituto Latinoamericano de Investigación y Estudios Musicales Vicente Emilio Sojo, 1980.

Diccionario biográfico de Venezuela, Carlos Sáenz de la Calzada, dir. Madrid: Talleres de Blass, 1953.

Enciclopedia de la música en Venezuela. Caracas: Fundación Bigott, 1998. J. Peñín y W. Guido, coords.

Hernández López, Rházes. "La escuela guitarrística de Caracas". *El Nacional*. Caracas, 3.2.1959. Reproducido en el programa del V Concurso Internacional de Guitarra "Alirio Díaz", en noviembre de 1981.

---. "La piedra y el sonido. El maestro Raúl Borges y la Escuela Guitarrística de Caracas". *El Nacional*. Caracas, 1.1.1965.

Herrera, Francisco. *Enciclopedia de la guitarra*. Valencia, España: Mariel Weber y Vincenzo Pocci, 2001. CD ROM.

Igarza, Leopoldo. *Entrevista realizada a Manuel Enrique Pérez Díaz*. Caracas, s. f (c. 1970). Grabación.

Iznaola, Ricardo. *La hora de Iznaola*. Caracas: Radio Nacional. Programa sobre Antonio Lauro, 7.5.1978. Grabación.

La Lira Venezolana. Caracas: Fundación Vicente Emilio Sojo, 1998. H.
Quintana, comp. Facsím.

Lauro, Antonio. Palabras preliminares de un concierto en Club de La-
go-La Salina, en Cabimas, s. f (c. 1980). Grabación.

Magliano, Ernesto. *Música y músicos venezolanos (Apuntes históricos biográficos)*. Caracas: Edición particular, 1976.

Milanca Guzmán, Mario. *La música en el tiempo histórico de Cipriano
Castro*. Caracas: Biblioteca de Autores y Temas Tachirenses: 1995.

Montes, Alfonso. "José Rafael Cisneros". *Guitar International*. Reino
Unido (enero de 1987): 36-38.

Mosqueda Suárez, Miguel. *Carlos Borges, vida y obras completas*. Caracas:
Talleres Cromotip, 1971.

"Murió el Maestro Raúl Borges Requena". *El Nacional*. Caracas,
25.6.1967.

Palacios, Mariantonia. "Rasgos distintivos del valse venezolano en el siglo
XIX". *Revista Musical de Venezuela* 35. Caracas (1997): 99-115.

Palenzuela, Juan Carlos. *Leoncio Martínez, crítico de arte 1912-1918*.
Caracas: Academia Nacional de la Historia, 1983.

Peña, Israel. "Corona musical. Muerte de Raúl Borges". *El Universal*.
Caracas, 2.7.1967.

Pérez Díaz, Manuel Enrique. "Apuntes para la Historia de la guitarra en
Venezuela" (Maracaibo, noviembre de 1939). *Revista de la guitarra*
16: 1-3. Buenos Aires, octubre de 1947.

Perry, Oliverio. *Valores humanos de Venezuela*. Bogotá, 1965.

Pimentel, Clemente. "El guitarrista Alirio Díaz triunfa en Madrid". *El
Diario*, Carora, 26.7.1951.

Prat, Domingo. *Diccionario de guitarristas*. Buenos Aires: Casa Romero
y Fernández, 1934.

Quintana, Hugo José. "Estudio preliminar sobre el primer método de
guitarra publicado en Venezuela". *Anuario Instituto Bolivarium*
3-3. Caracas (Universidad Simón Bolívar, 1994): 277-314.

Ramón y Rivera, Luis Felipe. *La música popular de Venezuela*. Caracas: Ernesto Armitano, 1976.

Salcedo Bastardo, José Luis. *Historia fundamental de Venezuela*. 10ª. ed. Caracas: Universidad Central de Venezuela, 1993 (1970).

Sánchez, María Luisa. *La enseñanza musical en Caracas*. Caracas: Tipografía "La Torre", 1949.

Sans, Juan Francisco. "Cuatro piezas venezolanas del siglo XIX para guitarra". *Músicaenclave* 11-1 (SVM, enero-abril, 2017): s. p. Disponible en: http://www.musicaenclave.com/ vol.-11-1-enero-abril-2017/

Silva Ceballos, Enrique. *Entrevista a Rodrigo Riera*. Material grabado para elaboración de programas en la Radio Nacional. Barquisimeto: 18.1.1976.

---. *El lenguaje de la música*. Caracas: Radio Nacional. Programa sobre Raúl Borges, 17.3. 1975. Grabación.

Sosa, José *La guitarra en el tiempo*. Caracas: Televisora Nacional, canal 5, 1981. Programas audiovisuales.

Stover, Richard D. *Six Silver Moonbeams, The life and Times of Agustín Barrios Mangoré*. California: Querico Publications, 1992.

Tejera, María Josefina. "Apuntes para una historia del libro y la imprenta en Venezuela". *Revista Nacional de Cultura* 173. Caracas (enero-febrero, 1966): 211-223.

Wade, Graham. "*A New Look at Segovia: his Life, his Music*. USA: Mel Bay Publications, 1997.

Zea, Luis. "Alirio Díaz, Interviewed by Luis Zea". *Guitar International*. Reino Unido (mayo, 1988): 14-20.

René Borges Villegas, Nelly Zingg de Borges y Lili Zingg de Romero, 27.3 y 8.11.1994.
Alirio Díaz, 21.1.1992, 15.8.1992, y 23.2.1994.
Rafael Carías, 21.2.1994.
José Rafael Cisneros, 4.4.1991 y 17.4.1992.
Germán Fleitas, 15.1.2017 y 10.9.2018.
Ferdinando Gerbasi, París, 25.3.1999.
Leopoldo Igarza, 7.5.1992.
Ricardo Iznaola, 6.8.1996.
Rómulo Lazarde, 8.4.2016.
Juan Padrón, octubre 1991 y 21.9.1994.
Rafael Paiva, 21.12.1993.
Fredy Reyna, 31.1.1994 y 2.3.1994.
Rodrigo Riera, 28.8.1992.
Mercedes Rivas, 4.9.1991 y 27.3.1994.
Ramón Rotundo, 1.6.1994.
Ventura Gómez, entre noviembre 1990 y febrero 1991.

Las imágenes que acompañan esta investigación forman parte de las colecciones de las siguientes personas e instituciones:
René Borges Villegas y Sra.
Mariano Fernández Porras
Carmen Lauro de Muñoz
Juan Padrón
Rafael Paiva
Mercedes Rivas
Sucesión Lauro Contreras

Sucesión Pérez Díaz

Dirección de Servicios Audiovisuales de la Biblioteca Nacional de Venezuela.

NOTAS BIBLIOHEMEROGRÁFICAS

1   Calcaño, 1958: 399.
2   Díaz, 1966: 34.
3   Calcaño, 1958: 390.
4   *La Lira venezolana*, 1.
5   *Ibidem*, estudio preliminar, XIV
6   Mosqueda, 31-32.
7   Mosqueda, 42.
8   "Unión Filarmónica", *Diario de Avisos*, Caracas, 1.5.1889.
9   "Necrologías". *Cojo Ilustrado*, N. 27, p. 43, Caracas, 1.2.1893.
10   *Ibidem*.
11   "Murió el Maestro Raúl Borges Requena".
12   Milanca Guzmán, 179.
13   Palacios, 102.
14   *Nuevo Método...*, 21.
15   Díaz, test.
16   Pérez Díaz, 2.
17   Díaz, test.
18   Milanca Guzmán, 227.
19   "Sobre la *Maricela* de Sebastián Díaz Peña", en Díaz, 1980: 46.
20   *Ibidem*, 48.
21   Díaz, test.
22   Padrón, test.
23   *El Universal*, Caracas: 28.8.1912.
24   Palenzuela, 97-99.
25   Palenzuela, 50-51.
26   Palenzuela, 151-152.

27   *El Nacional*, 3.2.1959, reproducido en el programa del V Concurso Internacional de Guitarra Alirio Díaz, noviembre de 1981.

28   *El Nuevo Diario*, Caracas: 6.2.1915.

29   "Arte y Crítica". *El Universal*, Caracas: 8.2.1915.

30   "Vida social". *El Nuevo Diario*, Caracas: 7.2.1915.

31   "Ecos y Notas". *El Universal*, Caracas: 8.8.1914.

32   Rivas, test.

33   Calcaño, 1958: 435.

34   "Información general". *El Nuevo Diario*, Caracas: 16.7.1916.

35   Libro de Actas. Col. A. Bruzual.

36   "Vida Social". *El Nuevo Diario*, Caracas: 31.7.1916.

37   "Ecos y Notas". *El Universal*, Caracas: 13.8.1916.

38   "Sociales y Personales". *El Universal*, Caracas: 1.9.1916.

39   "Ecos y notas". *El Universal*, Caracas: 17.8.1917.

40   *Ibidem.*

41   "Ecos y notas". *El Universal*, Caracas: 11.8.1918.

42   Calzavara, 1980: 30. Anteriormente lo había afirmado Calcaño, 1939, y, posteriormente, Bendahan, 1990.

43   Archivos del Ministerio de Relaciones Exteriores, Libro Amarillo, 1927, 110.

44   Díaz, test.

45   Paiva, test.

46   Stover, 127.

47   *El Universal*, Caracas: 1.3.1932.

48   *El Nuevo Diario*, Caracas: 7.4.1932.

49   *El Nuevo Diario*, 5.3.1932. Firmado: Criticón.

50   *El Nuevo Diario*, Caracas: 3.3.1932 (firmado Criticón), énf. nuestro.

51   *El Universal*, Caracas: 4.3.1932 (firmado L. S).

52   *El Nuevo Diario*, Caracas: 14.4.1932.

53   Stover, 131.

54   Stover: 159. En una nueva edición, en español, el autor corrigió esta información basado en la primera edición de nuestro libro.

55   Stover, 159.

56   Tomado de "Manuscrito del Maestro Antonio Lauro a propósito del compositor y guitarrista paraguayo Agustín Barrios Mangoré", en *La Entrevista* 16, La Habana, 1978, citado por Francisco González, "Agustín Barrios. Le Génie de l'Amerique

Latine", *Les Cahiers de la Guitare*, París (4° trimestre de 1990):
36-38.

57   *El Universal.*

58   "A través de Caracas". *El Nuevo Diario*, Caracas: 14.6.1913.

59   RCA Victor Company, Inc. Discos de 10 pulgadas: *Sapito Lipón* (30154-A), *Lolita* (30195-A) y *Las palomeras* (30311-A). No pudo ubicarse el que contiene *Flores de la montaña*. Colección Edgar J. Anzola y cortesía Fundación Seis Ocho.

60   "Guasacaca. Discos criollos". *Fantoches*, Caracas: febrero de 1931.

61   *El Nuevo Diario*, Caracas: 2.10.1932.

62   *El Sol*, Caracas: 31.8.1932.

63   *El Nuevo Diario*, Caracas: 30.10.1932 (firmado: A.J. F.V.).

64   *El Nuevo Diario*, Caracas: 31.10.1932 (Firmado: Mires).

65   "Guitarras y guitarristas". *Billiken*, Caracas: 9.9.1933.

66   Pérez Díaz, 1947: 1.

67   Documento N° 323.

68   En Iznaola.

69   En Igarza.

70   *El Nuevo Diario*, Caracas: 25.9.1932.

71   Pérez Díaz, 1947: 2.

72   Comerlati.

73   Énf. en original.

74   Leoncio "Leo" Martínez. "Postigos a la Calle". *La Esfera*, Caracas: 1.2.1934.

75   Otra destacada alumna fue Emma Silveira (1894-1932), pianista, arpista y compositora, y había estudiado guitarra con Borges, todo parece señalar que en la misma segunda década del siglo. *Enciclopedia de la música en Venezuela.*

76   "We were a group of highly enthusiastic people in music and guitar with a tutor like Raúl Borges, who always pressed us to cultivate ourselves intellectually and humanly. Unfortunately, we played hardly any concerts, so it was very difficult to gain perfoming experience. Nevertheless, there were always musical parties where everybody had to play. Our motivation to develop and work on the instrument was very mystical and charged with an immense quantity of love for music". En Montes, 1987: 36. Todas las traducciones son responsabilidad del autor de esta investigación.

77   En Silva Ceballo, 1975.

78   Díaz, test.

79   Ídem.

80   Carta de María Luisa Anido, Buenos Aires, septiembre de 1946.

81   "Borges wasn't a virtuoso. But I wouldn't say that such use of the little finger was a defect. It simply reflected a technique that was still in use during his youth. Remember that this technique developed in Italy during the 18th century. I believe Carcassi was its main exponent. There is enough evidence in the form of portraits, drawings, etc. showing the use of this technique. It is also an old lute technique and who knows if even the vihuelistas used it too. But Borges was an intelligent man and was aware of the evolution of the instrument's technique. Maestro Borges lived in Paris during the late '20s, and there he heard Pujol and Segovia. He had also heard a blind Spanish guitarist by the name Jimenez Manjón. And of course Mangoré. In fact, Mangoré was a great friend of Borges. Every time Mangoré visited Caracas he wouldn't stay in hotels but in Borges' house. So Borges took many lessons from Barrios and you can imagine all that he must have learnt with the great man. Borges had a deep admiration for Mangoré and always told us: 'What a pity you didn't get to hear him!.. What a pity!' He knew that Mangoré was the great master of the guitar *par excellence*". Zea, 1988: 16.

82   Díaz, test.

83   En Sosa.

84   *Ibidem.*

85   *Ibidem.*

86   Pérez Díaz, 1947: 3.

87   Pimentel.

88   Iznaola, test.

89   Ramón y Rivera, 25.

90   Ramón y Rivera, 60.

91   Nueva York: Morro Music Corp., 1964.

92   Iznaola, test.

93   *Ibidem.*

94   En Silva Ceballos, 1976.

95   Díaz, testimonio.

96   *Ibidem.*

97   Rivas, M., test.

IMÁGENES INTERNAS

CONTENIDO